どんぐり亭物語

どんぐり亭物語

子ども達への感謝と
希望の日々

加藤久雄

海鳴社

カリカリカリカリ……

どんぐり亭に珈琲豆を挽く音がせわしく響く。

（今日のお母さんは、だいぶいらだっているようだなあ。）

僕は、その音を聞いて、いつものように来亭者の心の内を感じようとする。


ここでは、すべての時間がゆっくり流れる。秒速五〇㎝の時間。蛍の舞う速さ。

お湯を沸かすのだって、朝、裏の森から薪を拾ってきて、大きなやかんに地下水をくみ上げ、枕木で作った野外調理場でお湯を沸かす。ポットに入れる時、少しでも冷めないようにと気を配る。樹の命がくれた熱だと思うと、お湯の温かさが愛おしいのだ。一時間以上もかけて、一杯のお茶のために湯を沸かす。そこには目には見えないけれど、おそらく人の心に働きかける力が存在する。ありがとうの心。

街の生活なら、電子レンジを使えば三分で食べられるピザだって、生地をこね、寝かせ、石窯に火を入れ、亭前の畑の無農薬野菜をトッピング、半日がかりである。

だから、珈琲を飲むのも、豆から挽いて、森がくれたお湯でいれる。その時、大抵来亭してくれたお客さんに、豆を挽いてもらう。これまでこうしてたくさんの人たちを見てきたので、その音で、その人のいらだちや悲しさやうれしさが分かるようになってきた。おかしな話に聞こえるかもしれないけれど、本当のことだ。

その音を聞きながら、今日のカウンセリングは、どんなふうに進めようかなあ、などと僕はぼんやり考えている。


目の前で、ゆっくりゆっくり時間をかけて珈琲をいれて、おいしくなる魔法の言葉「コピ・ルアック」をかけて、あなたが元気になりますようにと心を込めてさしだすと、みんな一口すすって、目を輝かしてくれる。

「おいしーい！」

と歓声があがる。

自分で挽いたとびきりおいしい珈琲を片手に、みんなは子育ての苦悩を語りはじめる……。今まで閉ざしていた心が開く瞬間。耐えきれずに大きな声で泣き出す人もたくさんいる。

人はどれだけの闇を抱えて生きなくてはならないのだろう。人は気の遠くなるような闇を抱えつつ、それでもいつも光に向かって歩こうとしている。一歩ずつ。一歩ずつ。自分でも気がつかないほどゆっくりと。どんなに苦しくても道を探し出そうとしている。そして、自分の歩みが光に向かっていたと気がついた時、人は生きる希望を取り戻す。命というのは、人というのは、どうやらそういうものらしい。

そんなやりとりを周りの森たちは耳を澄ませて静かに聞いている。縁あって同じ地球の時を過ごす命として。

何故僕はここにいて、この人の話を聞いているのだろう。何故この人は、僕にこんなことまで話してくれるのだろう。

こんなことが、もう一〇年続いてきた。ここからたくさんの物語が生まれた。

でも初めから心を病んだ子供や親たちの役に立ちたいと思って、この山小屋を造ったわけでなかった。

もくじ

一　ヒヨドリがくれた夢

ことの始まりは、ヒヨドリだった。

大学二年の春。京都の大学に進学した僕は、銀閣寺近くに下宿していた。銀閣寺から大学のある烏丸今出川まで、今出川通りを西に向かって自転車をこぐ。毎朝続けている、なんてこともない、いつもの光景だった。

しかし、その日はちょっとだけ違った。百万遍という交差点を通過したときの事、道の真ん中にちいさな黒っぽいボロ布のようなものが、ふと目に入った。

(あれ？　ゴミかな。)と思った瞬間、そのゴミは動いた。

(生きてる。鳥だ。ヒヨドリだ！)

おそらく巣立ってすぐ、車に引っかけられたのだろう。ヒヨドリのヒナが道にうずくまっていた。

ボロ雑巾のようだった。

(助けなきゃ。轢かれる！)

あわてて、自転車を乗り捨てて飛び出したけれど、車の通りが激しくてなかなか行けない。うろうろしていると向こうから、かなりのスピードで赤い車が走ってきた。目でコースを予測すると、ちょうどヒヨドリを轢きつぶす。車はぐんぐんと鳥に迫る。一番見たくない光景が……。

(あ、だめだ!)

そう思って体を硬くした瞬間、ぐらぐらバタバタといった感じでヒヨドリは飛んだ。

風に吹き飛ばされるゴミのようになって飛んだ。飛んで、僕の鼻先をかすめ、横の生け垣にズボッと突っ込んだ。僕は、その時、スローモーションでヒヨドリの必死の眼を見てしまった。

怒りと恐怖が一緒になったような、忘れられない眼だった。

僕は、無性に腹が立った。なんて表現していいのかよく分からないけれど、もしかして、この国は道を間違えているかもしれない、いや、良い所もいっぱいあるよ、しかし……と思っていた矢先、やっぱり間違えていたでしょう? と念を押されたような気持ち。

もしかしたら、単にヒヨドリに同情しただけかもしれないけれど。

少なくともあの瞬間だけは、僕の心は、人の心というよりヒヨドリのそれに近かったと思う。

(このままじゃ、だめだ。鳥や虫や獣たちが、もっと自由に、生まれたままの姿で生きている土地を見に行こう。雄大な自然に会いに行こう。そうしなければ、自分はだめになる。本物と偽物の違いが分からなくなる。)

そういう心の声がはっきり聞こえた。

ヒヨドリは、その後飛んでいってしまった。僕は、結局ヒヨドリに何もしてやれない、のろまな人間だったけれど、その思いだけは消えることがなかった。

すぐに自転車を反対の方向へ向けると、下宿を目指した。家で世界地図を広げた。地図の左側にひときわ大きな塊が目に入った。アフリカ大陸だった。園山俊二さんの「はじめ人間ギャートルズ」という漫画が大好きだった。マンモスを追いかけ、地平線を走り抜ける原始人たちの生き様が何だか現代の閉塞感をぶち壊してくれた。骨付きマンモスの肉が何ともうまそうだった。ギャートルズが住んでいるのはアフリカのような気がした。

（アフリカへ行こう。アフリカに行かなくちゃいけない！）

それまでの人生で、一番遠い旅行が津軽半島だった僕は、その記録を大幅に塗り替える無謀とも言える決断をしてしまった。アフリカだ。アフリカに行きたい。ゾウやカバに会って、シマウマと一緒に地平線をどこまでも駆けていきたい。

こうなるともう、自分の気持ちが止められなかった。

金と暇。これが必要だ。暇は腐るほどある大学生。ないのは金だった。あちらこちら調べてアフリカのケニアに一ヶ月行くための費用を割り出した。

アルバイト。それしかなかった。僕の父は、大学に行きたくて仕方なかったけれど、祖父が早くに亡くなっていて家族を支えなければならなかったので、とても大学どころではなかった。高校も普通高校から定時制に替えたくらいだったから。そこで、息子には、日頃から、どうしても好きなだけ勉強して欲しい、アルバイトするくらいなら余分に金を送るから、好きなだけ勉強しろ、と言っていた。好きなだけ勉強しろと言われても、勉強嫌いの僕はちょっと照れてしまうが、学生としてはかなり恵まれた状況だった。

しかし、大学に行かせてもらって、仕送りもらって、親の金でアフリカに行ったのでは、どう考えても負けである。一円たりとも親の世話にはならないと誓った。一〇〇％猛反対に会うことは確実なのでアフリカに行くことはまだ隠さねばならない。しかし、アルバイトはしなくてはならない。

群馬の実家に電話して、

「俺、アルバイトするから、留守がちになる。」

と言ったら、案の定、父が、

「金が足りないのなら、もっと送るぞ。アルバイトなんかするな。」

と言う。

「いや、するよ。どうしてもする。」

「アルバイトなんかするんじゃない！」

群馬と京都で電話ごしの喧嘩になって、ここからが、どうしてこうなったのか記憶にないのだが、結局、仕送りが減らされることになってしまったのだ。不思議なことに。もう、生活費も足りなくなり、完全なアルバイト生活に突入した。

世間からみれば、ぼんぼんの貧乏ごっこではある。でも学食でも五〇円しかなくて、ご飯（三〇円）、みそ汁（一〇円）を頼んだら、おばさんが小声で「いいから、持ってき」とそっとおかずを恵んでくれた、なんて暖かくも悲しいドラマもあった。

学校が終わって夕方になると四条河原町まで自転車をこいで、阪急電車に乗って大阪へ行き、家庭教師と塾のバイト。夜中に帰って、翌日は旅館の泊まり込みのバイト。朝早く、旅館の大風呂を洗って学校へ出て行く。これを交互に繰り返し、アフリカへの旅費を貯めた。

いよいよ、計画実行である。一人旅なのでとにかく情報を集める。アフリカ専門の旅行社に飛行機のチケットを頼む。初めての晩だけはホテルを予約した。あとは、現地で何とかする予定だった。その合間にコレラや種痘、黄熱病等の予防接種。コレラは二回しなくてはいけないし、これらの接種には順番や期間があって結構めんどうくさい。パスポートだの何だの、外国に行くというのはなかなか大変なもんだ。

しかし、これから起こる騒ぎに比べれば、そんなことはなんでもなかった。そう、僕はまだ、両親に旅行のことを話していなかった。

出発一週間前、大学は夏休みに入り、僕はアフリカ旅行用の巨大なリュックを背負って帰郷した。

僕の帰郷を歓迎してくれた両親、妹と晩ご飯を食べる。軽くビールを飲む。家庭の団らんの雰囲気は最高潮。（チャンスだ）ぼくは、やおら切り出した。

「お母さん、俺、ちょっとアフリカ行ってくらぁ。」

「ちょっと」という言葉を入れることで、さりげなさを醸し出そうと工夫したのだ。

母はゲラゲラ笑った。

「まあ、この子はひょうきんな子だねぇ。」

本気にしていないのである。仕方なく、飛行機のチケットを見せた。母の顔色はみるみる変わった。

「何言ってるの。冗談じゃないわ。アフリカってどんな所か知ってるの？ライオンとかヒョウとかいて、みんな食べられちゃうんだから。それから、毒なんとかがいて、刺されたらすぐ死んじゃうんだから。そういうわかってんの。あんた。」

「俺は、アフリカの自然がどうしても見たい。絶対行く。」

アフリカ旅行が、団体のツアーではなく、たった一人ぼっちの旅であることを知ると母はさらに興奮した。

「あんたを象やカバに食わせるために、これまで育てたんじゃないんだからぁ。」

そう言って泣き出した。

（象もカバも草食で、人は食わないんだけどなぁ。）

そう思ったけれど、火に油を注ぐ結果になるので言わないでおいた。

母はそれから一週間泣きどおしだった。まあ、無理もない。バカ息子は、体も弱く、子供の頃から臆病ですべてに晩生。自転車に乗れたのも、泳げるようになったのも、おねしょしなくなったのも、中学一年生。京都に下宿することになったとき、「この子が一人暮らしできるようになるなんて」とまぶしそうに僕を見上げていた母にとっては、ちょっとインパクトが強すぎた。

さらに間の悪いことに、テレビでちょうど川口浩探検隊の「アフリカ大秘境を行く」みたいな番組をやっていた。母はそれを食い入るように見ていた。そして、母の言う「毒なんとか」や「象やカバ」が画面に登場する度に、ハンカチで目を押さえていた。あの日、あの番組を見て泣いていたのは日本で、ただ一人だったと思う。

その間、叔父さんや叔母さんからも次々と電話があり、「久雄ちゃん、やめた方がいいよ」とか「アフリカってすごく危ない所だって言うよ」と口々に心配してくれた。おそらく、母が嘆いて電話したのだろう。ただ一人だけ気楽な叔父がいて、「よおー久雄ちゃん。えらいぞ。象やキリンによろしくな。思いっきり楽しんで来いよー」と言ってくれて、電話の向こうの叔母に「ばか、無責任なこといってないで、止めるんだよ」と怒られ

ていた。

我が家では、大抵の場合、父より母のほうが度胸がいいように思えた。重要な決断は母が行っているように見えた。だから、父の反応は意外だった。

「そうか。行きたいか。じゃ、行ってこい。お前はおじいさん似だ。」

と言った。祖父は、若い頃から満州に渡り、大きな牧場をやっていた。だから、父も中学までは満州で育った。父が中学二年の時、戦争にとられて帰らぬ人となった。

その祖父に似ているという。会ったことのない祖父だったが、そのときやけに身近に感じ、その人の血が流れていることは、確かに僕を勇気づけた。


出発当日。

大雨が降っていた。父が駅まで送ってくれた。母は玄関で泣きながら見送ってくれた。母の泣き顔を見ると、もう生きては帰れないんじゃないか、という気持ちがにわかに湧いてきて、怖くて仕方がなくなった。背中の荷物がやけに重く感じられた。

父に見送られる途中、何度も「お父さん、やっぱりやめるよ」と口に出かかった。父が一言でも「やめたらどうだ」と言ったら、間違いなくやめていたと思う。それほど、母の泣き顔は切なかった。

やっぱり、僕は臆病者で、まだまだ世間知らずの大学生であった。

でも、その臆病者が、ささやかな自分の夢に向かって歩き出した記念すべき日でもあった。

「世界の自然を見てまわろう。世界中の本当に美しい自然を一つでも多くこの目で見てこよう。」

この僕の夢は、アマゾンの大河、アラスカのグリズリー、北極のオーロラ、カナダの氷河、ニュージーランドのロイヤルアルバトロス……とつながっていくが、その始まりはアフリカだった。

アフリカはヒヨドリがくれた僕の「夢」だった。

二　山小屋を造ろう

アフリカ一人旅の様子はここで詳しく語ることができないが、この旅は、僕に大きな衝撃を与えた。今でも、マサイ族との交流や三百六十度の地平線をまざまざと思い出せる。朝日に向かって一列に歩く、まるで巡礼者のような象の群れ。憧れの野生との出会い。

地平線というのは、テレビで見たことはあった。テレビの地平線というのは、右から左へ流れる地面の直線だ。しかし、本物の地平線は違った。周りがすべて地平線だと、それは巨大な円になった。おそらく地球上で知覚できる最も巨大な円。そのちょうど中心に、今僕は立っている。僕が歩くとその円も歩き、僕はいつでもその中心にいる。それは、僕だけでなく、僕の友達も、そこに生える樹木も、あそこを駆けるライオンも……。そして、あのヒヨドリも……。

僕は、命の正体に手が届くような気がした。宇宙とつながっているような気がした。うれしくて、そして、何だか心細くもあり、なんとも不思議な感覚だった。

地平線を見ながら思った。

（命っていうのは、なんて偉大で、なんてちっぽけなんだろう。僕はいつも謙虚でいよう。おごった気持ちを持たずに黙々と自分を生きよう。）

二十歳の僕にとってそれは、かけがえのない経験だった。

アフリカ旅行から無事（本当は赤痢に罹って無事でもなかったけれど）帰国して、急いで成田空港から家に電話する。母はまた泣いた。その向こうで妹が「ばんざーい」と叫んでいる声が聞こえた。その声を聞きながら、

（今度はアマゾンに行こっと。）

と思っていた。

そこから、僕はヒヨドリがくれた夢の通り、世界をまわり続けた。

それは、長年の夢だった小学校の教員になってからも続いた。毎年のように世界の自然に会いに行った。そして、それを子ども達に伝えた。

そのうち、あちらこちらの学校で講演を頼まれるようになった。スライドを交えて話す冒険旅行

の話に子供たちは、大喜びだった。

自分でも世界の自然を語ることで何だか大きな使命を果たしている気持ちになった。子供たちは、手に持ちきれないほどたくさんの心のこもった感謝の手紙をくれた。

「先生、すてきなオーロラのスライドをありがとうございました。私は、学校の廊下のポスターで、オーロラを見かけましたが、今まで見向きもせずにいました。でもスライドを見て、オーロラがどんなにすばらしいかが分かりました。そして、きれいな心の話は、私の心を強く打ちました。例えば、私はゴミをそこらへんに捨てていましたが、心を入れかえていきたいと思います。そんな話をしてくれた先生はすごく心がきれいなんだな、と思いました。」五年女子

「人は何のために生まれてきたのだろう。加藤先生はこういった。夢を実現させるためにと……。

私の夢は一体なんだろうと考えてみた。友達の中には、看護師になりたい人、先生になりたい人など、それぞれ夢を持っている人たちがいる。なのに私には、まだそれが見つからない。先生は、この世で一番美しいもの、それは命であると教えてくれた。だから、私も、自分の夢を探し出し、自分の命を輝かせるように生きたいと思った。

また、先生は、忙しいというのは、心を滅ぼすことなんだと教えてくれた。私もそう思った。心にゆとりを持って生きていきたい。それはどういうことかというと、例えば、人に親切にしたり、自分のことより相手のことを考えたりする、そんな人になりたいと言うことだ。私の夢は、まだはっきりしないけど。そういう気持ちの生かせる仕事につきたいと思う。加藤先生のお話はすごくいいお話でした。」　中二女子

「僕がまず、講演してくださった加藤先生に対して思ったことは、自然の美しい姿を本当に心のそこから、美しいと思える人の話は、聞いているこちらも良い気分にさせてくれるのだ、ということです。加藤先生は、世界各地の様々な自然をみてきたそうですが、僕は特に、フロリダのマナティーとの遊泳と、北極という極寒の地のオーロラをぜひ見てみたいと思いました。この講演で、先生が最も僕たちに伝えたかったのは、自分の夢を持ち、その夢をかなえるために努力していこう、ということでした。

先生は、青年時代に、アフリカに行く夢をかなえるために起こした騒動を面白くはなしてくれました。周囲の反対を押し切り、母親の涙に耐えて一人でアフリカまで行く決心をするのは、大変なことだったと思います。このように、自分の夢に対して大きな努力をしたからこそ、あのような立派な講演ができるのだと思います。加藤先生は、人間が生きる目的は、他の人を幸せにす

るためと、自分の生き方を見つけるため、の二つがあると言っていました。僕も加藤先生が教えてくださった二つの生きる目的をよく考えて、自分の生き方の中に取り入れていきたいと思います。」　中二　男子

一回の講演のたび、百通を越えるこうした手紙が、僕のもとに届けられた。子供たちの手紙はどれもこれも本当に暖かくて、純粋で、講演を引き受けて良かったと思った。うれしかった。

でも、その一方で、それは未熟な僕にとっては大きな落とし穴のはじまりでもあった。毎回届く感謝の手紙に、僕の中では、自分はすごい人間で、他の人とは違うのだ、という慢心、心の闇が芽生えていった。

すごいのは、奇跡に充ち満ちた地球の自然そのもので、僕はそれをただ、右から左に伝えているだけなのに……。ただの伝達者だったはずなのに……。

僕はせっかくアフリカで授かった大きな教えを徐々に忘れていった。

（おごった気持ちをもたず、黙々と自分を生きよう。）

はるか遠く、アフリカの地平線がいつも送り続けてくれている、あの大切なメッセージを僕は次

第に感じとれなくなっていった。

今思うと、顔が赤くなり、本当に心が寂しくなり、できたらこんな告白はしたくないが、本当のことだから仕方ない。

その後の講演会では、講師の駐車場や講師の水さしがきちんと用意されていなかったことにカチンときたり、謝礼の金額が少ないことが、気になるようになっていった。

そして、不思議なことにそうしたことが気になるような傲慢な人間になると、そういうことがたびたび起こるようになっていった。そして見た目はニコニコと、しかし心の中は不機嫌なまま、講演会を終わらせるようなことが何度か起こっていた。今まではその会場の誰よりも自分が楽しんでいた講演会が楽しくなくなっていた。

でも、おろかな僕はそれを相手のせいにした。講師を迎える態度がなっていない。感謝の気持ちがないと。自分は感謝の気持ちを忘れ、相手には感謝の気持ちを強要する嫌な人間になっていた。

ある日のこと。

知り合いの先生から、講演の依頼の電話があった。早口で済まなそうに事情を説明する先生の話を、上からかぶせるように、条件もろくに聞かずに引き受けた。新任教員の頃、ずいぶんと助けてもらった先生だったから。

依頼された場所は、福祉作業所だった。

地図を頼りに行って驚いた。

講師用の駐車場などもちろんなく、作業所自体が、小さな小屋だった。その前の週に千人以上の聴衆を前に講演をしていたぼくは、ここから会場に案内されるのだろうと思った。すると、その先生が出てきて、

「ありがとう。加藤さん。よく来てくれたね。じゃ、お願いします。」

と小屋の片隅を指さした。そこの壁には、白い模造紙がセロテープで取り付けてあり、小さな机と椅子が用意してあった。

「え、ここでやるんですか。」

「はい。これをスクリーンにして、お願いできますか。聞く人は五人だから。」

(五人！　たった五人のために僕は来たのか。)

しかたなく、僕はいつも通りの話を始めた。北極のオーロラのこと、アマゾンの自然のこと……。でも、それまでで、一番心のこもっていない話をしてしまったと思う。早くこの時間が過ぎればいいと思いながら話をした。

少ししわの寄った模造紙に映し出されるオーロラは、歪んでみえた。まるで僕の心そのものだった。

それでも、障害を持つ五人の若者たちは、キャッキャと歓声をあげながら、喜んでくれた。すごいね、すごいねと言ってくれた。それがまた、何だか僕をいらだたせた。

五人の講演会は終わった。

僕はさっさと荷物をまとめ、帰り支度をした。先生はその様子を見てとって、

「加藤さん、忙しそうだね。こんな所なので、なんのお礼もできないのだけれど……。」

と少しふくれた作業所の紙袋を手渡された。

「何ですか。これ。」

「あ、いや、せめてものお礼にと思って、みんなで作ったんだ。謝金の代わりだと思ってください。」

ちょっと恥ずかしそうに先生はそう言った。

中をのぞいた僕は、呆気にとられた。

紙袋の中に入っていた物は……竹とんぼだった。

(これが、謝礼!)

僕が喜ぶ顔を期待する五人の前で、

「ああ、よくできていますね。ありがとう。」

それだけ言うのが精一杯だった。

僕は、逃げるようにして車に戻り、助手席に竹とんぼを放り出し、車を走らせた。

（謝礼が竹とんぼだって！　そんなの聞いたことないよ。まったく。何、考えているんだ。）

混乱し、腹を立てていた僕は、車を飛ばした。目の前に赤信号が飛び込んで来る。急ブレーキ。

助手席の竹とんぼが袋からバラバラと前に飛び出して落ちた。

それをいらだって拾う僕。

でもその一つをつまみあげた時、それは決してできのいい竹とんぼではなかったけれど、僕の中の何かが変わった。指を伝わって、一生懸命作ったことがはっきり伝わってくるようだった。邪心のかけらもなく全く素直に、僕のためにただただ丁寧に作られた作品だった。うまく表現できないけれど、指先から何とも、何とも暖かい電気のようなものが体中に流れ込んできた。それと同時に先生が別れ際話してくれた言葉が蘇った。

「僕はさ、前に加藤さんの講演を聴いて、本当に感動したんだ。できたら、この子たちにもそんな経験をして欲しい。でもね、多分それは不可能だろう。何とか社会にでられ、自立できるようになることで、彼らは精一杯だ。それだって、どうなるか。だから、せめて加藤さんの話をきかせてやりたかったんだ。」

僕は、恥ずかしさと情けなさで、どうにもやりきれなくなった。自分の馬鹿さ加減にやりきれない思いで一杯になった。

「ごめんなさい。本当にごめんなさい。先生、五人のみなさん。」

心の中で何度もそうつぶやいていた。

（このままじゃ、いけない！）

京都でヒヨドリに出会った時と同じような感情が湧き上がってくる。

（もっと、普通のことに、何気ない身近なことを素直に大切にできるようにならなければ。地球の大きな自然と同じように、自分たちが生活している身近な自然に目をむけなくちゃ。そこには、アフリカの地平線と同じ答えがあるはずだ。今度は旅人ではなく、その地に生活する人として、北極のオーロラと同じように道ばたのタンポポに感動するような人にならなくちゃ。謙虚とはそういう素直な心。この竹とんぼのような………。）

それこそが、遠くアフリカの地平線が、僕に送り続けてくれていたメッセージだった。僕は、あの地平線の誓いをやっと再び思い出した。野生の命のように謙虚に、黙々と自分を生きよう。自分の命を全うしよう。

そして、僕の心の扉をノックするように、一つの答えが浮かんだ。

（そうだ。山小屋を造って森の中で暮らそう。日本の自然を常に感じて暮らすための基地を造ろう。そこで、子ども達に日本の自然の素晴らしさ、不思議さを伝えよう。）

こうして、僕は、世界の自然を見てまわる夢から、身近な自然から学び、大切にする活動を行うための山小屋作りに向けて、人生の夢の舵を切った。アフリカの旅から八年が経過していた。

三　どんぐり亭の誕生

仕事の合間をぬって、土地さがしが始まった。休みのたびに夫婦二人で山小屋を建てる森を探しに出かけた。条件は二つ。雑木林であること、そして、自宅から車で一時間以内であること。

人間が作り出した杉林などの単一林は、そこに生活する生き物の数が恐ろしく少ない。それは、自然のさまざまな命のつながりを伝えるための場所としては不向きだと考えたのだ。

今の日本で原生林に住むことは出来ないが、里山の雑木林に住むことはできる。人と山がお互い寛容の心を持って何とか譲りあって、長い間の経験が教えてくれた知恵を使って人が山と調和している雑木林にこそ、僕が求めるものがあると思った。

そして、どんなに良い場所でも自宅から遠くなれば、だんだんと疎遠になっていく。つい面倒になって、行くのを止めよう、なんて考えてしまう怠け者の僕の性格から、毎週通うには車を使い、一時間で行ける距離が限界と考えた。

そんな森なんて、ドライブするといくらでも目に入ってきた気がしていたから、程なく見つかるものと思っていた。

しかし……。見つからないんですよ。本当に。

土地を探すのってすごく大変。先ほどの主たる条件に加えて、費用の問題。ただの小学校の教員が自由になるお金なんてたかが知れている。買うにしても借りるにしても、その中でやりくりしなくてはならない。それから、電気、水道等ライフラインの問題。特に今回は住宅地というより森に住むので、特に大変。電気はどこから引っ張ってくるのか、水はどうするのか、上水道の設備がなければ、井戸を掘らなくてはならない。井戸を掘るのは、一メートル一万円とかで、恐ろしく費用がかかる。また、これからのビジョンを考えると、将来的には、できるだけ自然にダメージを与えないように無農薬の農業を行うことや、カブトムシの養殖場、山小屋に降る雨を使って、ホタルを育てることまで考えていたから、それらを行える場所としての条件も満たさなくてはならない。道がないなら、それから造らなくてはいけない。

アラスカを旅した時には、原生林にひょこひょこログハウスが建ててあったから、山小屋ってあんなイメージで、住みたい場所にぽかんと建てられるんだな、なんて思っていたのが大間違い。宮沢賢治の童話に出てくる森のように、家建てていいか森に聞いて、森がいいぞーって答えてくれたら、どこへでも建てていい。そんな場所は今の日本にはまずないのだ。

『ブラザーイーグル、シスタースカイ』という絵本を読んだことがあるだろうか。アメリカのインディアンたちが住んでいた土地を白人たちにとりあげられてしまう時に、酋長シアトルが行った名演説をもとにした絵本だ。酋長シアトルの言葉は、ある人は、手紙であったといい、ある人は演説であったとしている。本当の所はよくわかっていない。しかし、どちらにせよ、自然を敬い寄り添って生きてきた人びとの言葉には真実の力が備わっていて、ぼくらの心を打つ。その演説でシアトルはこういっている。

「空が金で買えるだろうか？　母はわたしにこんな話をした。この大地にあるものは、わたしたちにとって、すべて神聖です。松の葉、砂浜。……略……父は、わたしにこう言って聞かせた。わたしらは大地の一部だし、大地はわたしらの一部なのだ。……略……祖先たちはわたしにこう告げた。われらは知っている、大地はわれらのものでなく、われらが大地のものであることを。わたしたちは知っている。血が人をつなぐように、すべての存在は網の目のように結ばれ合っていることを。」

本当にその通りだと思う。どんぐり亭で過ごした一〇年や、少ないながらも世界の自然を見て歩いた経験は、それが、まさしく真実だと教えてくれた。

それは決して忘れてはならない戒めだ。

しかし、だからといって、現代社会では森自身に許可をもらって、好きな場所に小屋を建てることは許されない。必ず、その土地は誰かのものとされている。

酋長シアトルのいうことは真実だが、人間中心の現代社会に生きようとすれば、そこのルールも守らねばならない。つまり、土地の真の所有者は自然だが、仮の所有者に許可をもらわねばならない。そして人間社会では、仮の所有者の方が優先される。その人がいいよ、といって売るなり、貸すなりしてくれなければ、社会的にはどうにもならないのだから。

なぜ、こんな話をするかと言えば、夢を叶えることとは、こういう夢の哲学と現実がぶつかりあって、それを処理していくことが必要なものだと学んだからだ。夢を現実に変える時には、こうした変換作業が多数あり、かなり面倒なことである。それをなんだか複雑な気持ちを抱えつつ、一つ一つクリアーしていかなくてはならない。たかが山小屋を建てる程度の夢でも、その無数にあると思える夢から現実への変換作業から逃げることはできない。そして、そこにはいつも夢の哲学がなければいけない。

夢だけを追い求めれば、それはただの妄想になっていき、社会からは認められない状況に追い込まれる。だからといって、現実だけに走れば、せっかく自分の中に生まれた夢の哲学が消えていく。自分の中にいつの間にか生まれた夢のたまごを温め、孵化させ、現実の大地に根づかせるのは、なかなか難しいものだ。

たった一つのコツは「絶対言い訳しないで、絶対諦めない」ということ。

そんな訳で、予想以上に大変だった土地選びの条件にあった土地を探し続けた。

僕の昔の勤務先は倉渕村という美しい山間の村だった。嫁さんの昔の勤務地は、榛名山という山の上だった。そこの保護者たちは、本当に暖かい人たちで、「先生が、土地探してるなら、協力するよ」と倉渕や榛名のあちらこちらの土地を紹介してくれた。

倉渕の山の上に私設天文台があり、その横の畑を貸してくれるという話や榛名湖を臨む土地など、次々に紹介してくれた。本当に有り難いと思ったけれど、条件に合う土地はなかなか見つからなかった。

山の土地専門の不動産業者にお願いもした。かなり気に入った倉渕の土地を見つけてくれた。水道も来ていて、電気も大丈夫。土地の上にゴルフ場があるのが気がかりだったが、それ以外はほとんど条件の通りだった。決めようか、そう思った矢先、昔の保護者が、

「先生。先生の夢に水を差す気はさらさらねんだけどさ、後で分かってても嫌かと思ってさ。あの土地な、昔、近所のばあさんが焼身自殺したんだよ。」

「…………。」

夢を叶える土地とは思えなかった。

温泉つきの土地も紹介してもらった。温泉つきの分譲地だった。僕ら夫婦は温泉が大好きなので、モデルルームにいって感動した。いつでも温泉に入れる山小屋。それは、夢のような生活だった。モデルルームの温泉に入り、すっかり舞い上がった。ここに決めるか、とテンションは最高潮に上がった。興奮しながら戻り、義父に報告した。

「お父さん、すごいんだよ。温泉つきなんだ。土地も何とか買える値段だし。週末温泉に入れる山小屋なんて、夢のようだよ。お父さんも週末泊まりに来られるよ。」

すると、義父が、

「久雄さん、あのさ、言っちゃ悪いがちょっと最初の目標と主旨が違うような気がするが……。」

その通りだった。

あっという間に七年の時が過ぎ去っていった。桃源郷はなかなか見つからなかった。

しかし、ついにその時がやってきた。

五月のある日のこと。いつものように土地さがしのドライブをしていた。ふっと目にとまった雑木林の美しいこと、美しいこと。人の手が適度に入った二次林としての機能を果たしつつも、自然の森としての美しさを失っていなかった。

どんぐりの樹、コナラやクヌギを中心として構成された森で、上層の木、中層の木、低層の木としっかり分かれて、森が出来上がっていた。

うれしくなって、車を止め、森を歩く。ちらちらと揺れる木漏れ日が美しい。「源平ツツジ、白ツツジ」「お菊二十四」とホオジロやイカルのさえずりが聞こえてくる。アカゲラがすぐ近くで「カカカカ……」とドラミングをして、その音が森全体に響いた。

（いい森だなあ。なんて美しい。一体、誰が持っているんだろう。）

すっかりその森を気に入った僕は、役場に出かけて、土地の所有者を調べることにした。しかしその日は休日だったので、後日、日を改めて役場に出向いた。

すると、そこにはかつての僕の教え子のお父さんがいて、声をかけてくれた。

「先生、うちの農政課の課長が、先生と同じようなことをやろうとしているんだ。紹介してやるから、会ってみるといいよ。」

正直、僕は、あの森の所有者が早く知りたくてたまらなかったのだが、せっかくの申し出を断るのも悪いので、その課長さんに会うことにした。

エネルギーの塊のようなその課長さんは、子ども達と農業の未来を熱く語り続けた。

僕は、あの森のことで頭がいっぱいだったが、次第に課長さんの溢れる想いに心を動かされていった。課長さんは「農業は命の産業だ」と何度も繰り返した。

（この人は僕と同じようなことを考えている。そして、僕よりずっと前を歩いている。こんな人もいるんだなあ。世の中おもしろいもんだなあ。）と思った。やがて熱く語るその口調がいったん途切れ、

「だからさ、先生、その土地を一回見に行くかい。ここから、すぐだからさ。義理の弟の土地だけど、いい所だよ。」

というので、思わず、

「はい。」

と答えてしまった。

課長さんに連れられて、森へ出かけた。本当はそれどころじゃないのだが、こうなってしまっては、仕方なかった。

山道を右に折れる。車は雑木林の中をぐんぐん上っていく。その頃からある予感が湧き上がり、僕の胸は異様に高鳴り始めた。（まさか……ひょっとして……）

大きな畑を左折するときには、僕の胸は緊張と興奮

新緑の雑木林

で張り裂けそうになっていた。

課長さんが言った。

「ここだよ。いい森だろ。」

僕は、言葉が出なかった。

そう、そこはまさしく僕が所有者を調べに来たあの森だった。

課長さんが、そんな僕をいぶかしげに見ながらも声をかけてくれた。

「借りるかい。」

「はい。」

即決だった。


今振り返っても本当に不思議な出会いだった。七年間も探し続けたけれど、見つからなかった土地が、一秒で手に入った。

人生の中には、確かに女神さまが微笑む瞬間というのがあるようだ。まさにそれだった。

しばらくして、課長さんのお宅で、その土地の持ち主に会わせてもらった。課長さんの奥様の弟さん。有機農法の実践者だった。がっしりとした体躯に太くごっつい手。本気で農業に取り組んできた美しい手だった。そして、日に焼けた笑顔が少年のようにかわいらしかった。

それが、この先、どんぐり亭の恩人となって、陰になり日向になり、僕の活動を真剣に支えてくれる、大塚秋則さんとの出会いだった。

その晩は、子ども達や農業の未来について遅くまで語り合った。

僕は、この人たちにお願いして間違いないと確信した。

秋則さんも僕を気に入ってくれたようで、広大な無農薬の畑と森を自由に使ってくれ、と言ってくれた。僕は、その広大な土地を五十年間、月々の僕のお小遣いより安い年間賃貸料で借りることになった。あまりの安さに僕は驚き、それじゃあ、安すぎるから、と、別の金額を提示したが、それじゃあ、高すぎる。先生は、子ども達のためにがんばるんだから、そんなにもらえねえ。と秋則さんが言う。双方困って、その真ん中の額にしてもらったが、それでも本当は安すぎる。安すぎて恥ずかしくて金額はここに書けない。

土地が決まって、次は、山小屋を建ててくれる大工さんを探さねばならない。

すると、秋則さんが、言った。

「孝ちゃんがいいだんべ。」

「孝ちゃん?」

何でも、孝ちゃんというのは、この辺りで腕の良い大工として有名な人だそうで、秋則さんから、その孝ちゃんに頼んでくれるとのこと。これは良かった、と胸をなで下ろした。

すると、その翌日、たまたまこの森の隣町に嫁いだ妹から電話があった。

「お兄ちゃん。山小屋建てるんだって？」

「うん。親父から聞いたのか。大工さんまで、大塚さんが選んでくれた。」

「あのさ、大工さん頼むんなら、加部さんじゃなくちゃだめだよ。絶対。普通の所じゃなくて、森の土地なら、なおのこと。すごくいい大工さんだから。」

「そんなこと、言ったって、もう頼んじゃったよ。今から、断るんじゃ、大塚さんに悪いよ。」

「え？　だって、お兄ちゃんの夢なんでしょ。絶対加部さんだよ。大塚さんが紹介してくれた大工さん、なんていう人？　私から断ってあげよっか。」

子供時代から、僕ら兄妹は、妹がリーダーシップを取ってきた。要領が悪く、ぼーっとした長男と比べ、妹は決断が早く、いつもてきぱきしていた。

「大工さんの名前？　確か、孝ちゃん、とか言ってたな。」

「え？………」

妹はげらげら笑い出した。

「お兄ちゃん。それが加部さんだよ。加部孝太郎さん。」

「…………」

まだ、笑い続ける妹の声を聞きながら、僕は、大きな運命の歯車が回り出している音を聞いていた。


山小屋建設が動き出した。

基本の設計は、黒姫に住む友人、南さんがやってくれた。南さんご夫妻は、黒姫でペンションを営んでいる。そのペンション「ふふはり亭」は、今まで僕が泊まったどの宿泊施設よりも心地よかった。二人の哲学と暖かさに溢れていた。出過ぎず引っ込み過ぎず、センスの良さが際だっていた。

僕の理想は、ふふはり亭の小型版の山小屋を造ることだった。そこで、南さんの奥さん、笑子さんに基本の設計をお願いした。笑子さんは快く引き受けてくれた。

それを基に、従兄弟の設計士が、本設計をしてくれ、山小屋の青写真が出来上がった。

従兄弟が書き上げてくれた設計図を見た時は、うれしくて胸がいっぱいになった。

(本当に山小屋ができるんだ。)

そして、加部さんによる山小屋建築が始まった。

広大な有機農法の畑と、さらに広大な森の境目に山小屋が建つ。

普通の住宅地の建築と違い、整地から始めるので大変だ。重機を入れるために、オフロードの道も整備しなければならない。

「できるだけ、森の樹を切らないで下さい。それだけは、ぜひお願いします。」

それが整地についての僕のたった一つの希望だった。

それでも、どうしても切らなければならない樹が幾本かあった。その中でも特に、大きなコナラの樹。そのコナラ、つまりドングリの木はカスミ桜との連理木だった。連理木とは、風などで近くの木どうしがこすれ合い、形成層がつながり、一本の木になってしまったものだ。不思議な木だった。切りたくなかった。でも、どうしてもそれを切らないと山小屋はできない。本当に済まないと思いながら、泣く泣く切った。

せめて、名前だけでも残してやりたいと思って、山小屋の名前に「どんぐり」という言葉を使うことにした。そして、恩人の南さんのペンション、「ふふはり亭」から一文字もらって、「どんぐり亭」と名付けることにし

不思議な木組み

た。「亭」には、人をもてなすと言う意味が含まれているそうだ。それは、僕らの山小屋の主旨にぴったりだった。

コナラを切った時は、本当に辛かった。しかし、あれから十二年たった今。当時の様子しか知らない人は驚くだろう。

あのどんぐり亭の名前の元になったコナラは、なんと伐採されても枯れることなく、切り株から芽を出し、ぐんぐんと成長し、今ではどんぐり亭の屋根に届く木に成長し、秋になると、ウッドデッキにばらばらと音を立てて、無数のどんぐりをふりまいている。

どんぐりの音を聞くたび、僕は心の中で「よく頑張ってくれた。ありがとう。」とつぶやく。

夢の山小屋は今、文字通りの「どんぐり亭」となっている。

加部さんは、確かに腕の良い大工さんだった。名人だった。

近所のお寺も加部さんが建てた。欄間の彫り物まで、自分で彫った。そのお寺に連れて行ってもらったが、見事なものだった。宮大工さんの流れを継いでいるそうで、木材を接続するにも不思議な技を使った。釘を極力使わず、二本の木材を面白い形に切り抜いてはめ込んだ。木組みというのだそうだ。

僕が初めて加部さんと会って、山小屋の建設をお願いした時、彼はその依頼を断った。

「先生、俺はもう歳で、ひいた線の左右が切り分けられなくなってきた。もう、差し金を置く時期が来たと思ってるんだよ。」

1㎜の何分の一が切り分けられなくなったから、もう引退なんだ、と寂しそうに言った。それでも、僕は、

「子ども達に希望を渡すための夢の山小屋なんです。どうしても加部さんに作ってもらいたい。」

と話した。

そして、加部さんはとうとう、

「じゃ、俺の最後の仕事として、先生と子ども達のために、やらせてもらうか。」

と引き受けてくれた。そして、訳の分からない素人の僕の思いを精一杯くみ取ってくれた。僕が整地のために切られた樹を見て、半べそをかいていると、

「先生、木には二回の命があるんだい。一回目は、生物としての命。二回目は、材としての命だ。そうやって、木は二回の命を生きるんだよ。この雑木は材木というわけにはいかないが、俺が炭にしてやるから、山小屋で使いな。」

と、自宅の炭焼き小屋で多量の炭を焼き、持ってきてくれた。それはどんぐり亭の地下室に蓄えられ、今でも燃料として第二の命を生きている。

僕の予算が少ないので、建て前の時以外は、ほとんど加部さんは一人で山小屋を作っていた。あまりに申し訳ないので僕はせめてもの手伝いを、と学校が終わると車を飛ばし、山小屋作りを手伝った。休みの日は朝から手伝わせてもらった。

加部さんにとっては、ただのじゃま者だったに違いないが、にこにこと笑って、受け入れてくれた。

酒好きの加部さんは、一升瓶を持っていくと、途端に相好を崩し、

「そんじゃ、今日は、大雨でも降ったと思って。」

と言って、仕事の手を休め、うまそうにいつまでもいつまでも酒を飲んでいた。

酒を持っていくたび、確実に仕事の手が止まり、僕はほんとに完成するのか、ちょっと不安になった。でも、酒を飲みながら、加部さんは面白い話をたくさん聞かせてくれた。

「建物ってのは、いい音の出る鼓のように造るんだよ。上と下を開いて、真ん中を絞る。な、分かるか

どんぐり亭玄関とダイニングルーム　問題のカウンター支え柱が見える

い。うまく仕上げるには、山に入って木を見て考えるんだ。あの曲がりを使おうとかな。心の眼を持たないと、木の心は分からねんだよ。木の心が分かって、やっと木に引導を渡せるんだ。それでも、俺の思った通りにならない木もあってな。そうすると、やろう、裏切りやがったな、なんて思って、ホントにがっかりする。……俺の兄弟子はよく言ってた。もし自分に少しでも余力があったら、下の者を助けろって。俺はそれをずっと守ってきたんだよ。金がなくてもいい。自分自身に貧乏になるなって教わったんだ。」

そんな加部さんだから大工の哲学があって、時におそろしく頑固になった。そして僕と衝突した。

加部さんは、台所のカウンターを作る時、その支えに檜の一本柱を使った。その柱は、カウンターを越え、天井に向かって高く飛び出していた。それが、僕にはじゃまに思えた。台所から、囲炉裏の子供たちを見ようとすると、その柱が高すぎて、子供たちの様子がよく見えないのだ。そこで、加部さんに

「加部さん。これじゃまだから、もっと短く切ってください。」

と言った。加部さんは、全くもう、という顔をして、

「先生、これは、この家の顔になるんだ。だから、このままでいいんだよ。」

「いや、じゃまなんです」「いいんだよ。これで」「切ってください」「いや、やだ。」

そんな問答が続き、「じゃ、ちょっと切って」「じゃ、少しだけな」……とわずかに低くすること

に成功した。それでも、じゃまだ。「切って。加部さん。」「だめだ。」……また、押し問答が続き、ちょっと切ることになる。僕の理想まで、あと二〇㎝の所まで来た。また、僕が頼むと、ついに加部さんは、堪忍袋の緒がきれて、

「これ以上、切ったら、この節が死んじまう。顔がなくなっちまうから、これ以上きるなら、俺が死んでからにしてくれ。」

その台詞に僕は、諦めた。

床の時もそうだった。

加部さんが奮発して、床は檜を使った。僕は、ふふはり亭のイメージがあるので、ふふはり亭の写真を見せ、「床はこの色でお願いします。」と頼んだ。

加部さんは、今度は目を剥いて、反対した。

「先生、何言ってんだよ。檜は白木と決まってるんだよ。それが一番美しいんだ。塗るなんて、とんでもねえよ。」

「だって、僕は、全体を焦げ茶に統一したいんです。法隆寺だって、美しい焦げ茶でしょ。檜を使ってあるけど。」

「ありゃ、千四百年経って、自然にあの色になったんだよ。塗ったわけじゃない。」

「でも、僕は千四百年待てませんよ。」

「檜は白木なの。先生は、あれかい。色白の美人がここにいたとして、そいつに厚化粧させたいと思うんかい。」

「美人の話なんかしてません。床の話です。」

「檜は色白の美人なんだよ。とにかく、塗らない。」

「いや、塗ります。」

あまりにも頑固な加部さんに、僕はつい、言ってはいけない決め台詞をはいた。

「加部さん。僕は、施主ですよ！」

すると加部さんは、間髪を入れず、

「俺あ、大工だい！」

と叫んだ。

僕は、もう返す言葉がなかった。

加部さんと僕のそんなやりとりが何度も繰り返され、笑ったり、怒ったり、意地をはったり、諦めたりしながら、二年の歳月をかけて、二〇〇〇年の一月、「どんぐり亭」は完成した。

雪景色の森の中に建つ小さな小さな小屋ではあったが、それは、本当に美しかった。街から車でどんぐり亭にやってくると、木々のトンネルを抜けたところで、ふっと、どんぐり亭が遠くの森の中に浮かんでみえる場所がある。まるで初恋の女の子に廊下でばったり出会った時のようなときめきがあった。それは、一〇年たった今も変わらない。

どんぐり亭ができたら、僕はきっと泣くだろうな、と思っていた。しかし、加部さんから山小屋の鍵を受け取ったとき、熱くこみ上げるものがあるというより、ずっと透き通った感じを持っていた。僕の体はぶるっと震えた。これを武者震いというのだろうな、とぼんやり思っていたのを覚えている。

倉渕や榛名の教え子の親たち、課長さん、大塚さん、加部さん……。たくさんの人たちが全くの損得勘定抜きで、僕の夢に力を貸してくれた。

「次は、お前の番だよ。」

加部さんから渡された、銀色に光るどんぐり亭の鍵は、そう言っているようだった。

これは、神様がくれた恵みだ。太陽の光や雨の水と同じように。子ども達の役に立つために恵まれた幸運なんだ、と心から信じた。

四　どんぐり亭活動開始

どんぐり亭は、普通の家とはちょっと違う。子供たちが自然から学ぶ家だから、極力自然と調和しなくてはならない。ここに暮らすことで、森がダメージを受けることがあってはならないと思っていた。

どんぐり亭に雨が降る。その雨は雨樋を伝わって亭脇の浄化タンクを通り、水の専門家、丸岡さんが開発したホタルストーンという活性炭によってきれいにされ地下の二トンの貯水タンクに貯められる。その水は、どんぐり亭のトイレや洗濯等、口に入らない水として使用される。飲み水など台所周りの水は、森の下の井戸からくみ上げる。亭で使われた水はすべて、浄化槽で濾過され、小さな池から森の表層に流される。その水が森の木々の間を通ってさらにきれいに磨かれ、森の下の地下水となって、井戸からくみ上げられる。水が循環するシステムである。

どんぐり亭を造るまでは、雨は好きではなかった。でも、今は、雨が降って、農作業もできず、子供たちとの活動もできず、ダイニングのベンチに横になり、本を読んでいると、「ピチャン、ピチャン」と雨樋を通って、水が貯まる音がする。それで、当分雨水には困らないな。と幸せな気持ちになる。雨は不快なものではなく恵みの雨である。

人もそうかもしれないが、水も同じ場所でとどまって、よどむと駄目になってしまう。

そこで、地下の貯水タンクの水を動かすために、どんぐり亭の脇の大岩をぐるっとまわってもどる人工の小川を作ろうと考えた。そこでホタルを育てるのだ。それをベランダからビール片手に眺めたらどんなに幸せだろう、などど夢見ている。しかし、それはまだ実現していない。

亭の活動で出た生ゴミは、もちろんコンポストを使い、自然へ帰す。

電気は太陽光発電と風力発電を考えたが、どうにも電力が足らず、諦めた。

夏はおどろくほど涼しい。街の家と比較して八度低い。標高から計算すると、そこまでにはならないはずだが、裏の森から冷気が上がってきて、本当に涼しい。街の家がどんな暑い日でも、どんぐり亭に来るとクーラーどころか、扇風機もほとんど使わない。森からさわさわと涼しい風が吹いてくる。

そのかわり冬はかなり寒い。井戸から森の地下に埋められた管を通って水が運ばれ、いったん、どんぐり亭脇の貯水槽に入り、亭内に入ってくるが、初年度、その貯水槽から亭に入る部分が凍結し、破裂した。もちろん、地上部は熱線が巻いてあるのだが、あまりの寒さに地下部が破裂したのだ。その日の気温はマイナス十五度だった。

雷が落ちて停電したり、井戸の水が涸れたり、管が破裂したり、雨水ポンプが壊れたり、ネズミが地下室で穴を開けたり、窓際にアシナガバチが巣をかけたり、熊が畑のトウモロコシをみんな食べちゃったり……。いつもどこかで困っている。それが、山の暮らしなんだなあ、とつくづく思う。初めはそれにいらだつこともあったけど、今はそれがまた楽しい。子供たちと、うーん困ったなあというのが、何だか楽しいのである。

つい自分の都合だけを優先させてしまって、より便利さを求めてしまう街の生活と、あるがままの自然を受け入れて、しょうがないよなあ、なんて言いながら、その中でなんとかやっていく山の生活は、大きな違いがある。

街では、蛇口をひねり、水道の水が出るなんて、当たり前のことで、出なかったら、ああ今日はなんてついてない、と舌打ちをし、業者に連絡して、大騒ぎになる。

しかし、山の生活では、蛇口をひねるとき、何だか思わず祈ってしまう。お願い、出てくれ。蛇口から水がほとばしり出る。ありがとう。思わず、感謝の気持ちが湧き上がる。不思議なものだと思う。山の生活では、いつもどこかで困っているのに、いつも何かに感謝している。

その心持ちが、これからやってくるたくさんの人たちに大きな影響を与えていることに、初めの頃の僕は、まだ気づいていなかった。

さて、どんぐり亭ができたことは、僕がこれまで関わってきた人たちから、さまざまな人たちへ口コミで伝わっていった。

関心を持ってくれた人たちが、時折、訪れてくれた。この萩生という土地は、ミョウガの産地として有名で、ミョウガに使う落ち葉を作り出すために、雑木林がたくさん残っている。隣り村では林業がさかんであったため、その多くは植林され、杉や檜の単一林になっている。

雑木林が多く残る里山の風景は、日本人の琴線にふれるようで、訪れた人はみな、感嘆の声をもらし、口々に「素敵な時間を頂いた」と喜んでくれて帰っていった。

そんな人たちの様子を見ながら、どんぐり亭が本来果たすべき役割を、ぼくはゆっくり考えていた。子ども達のために頑張るといっても、一体ここで何ができるのだろう。何をすることが求められているのだろうか。それはまだ、はっきりとした形にはなっていなかった。

ここの四季を体験して、一年かけてその方針を決めていこうと思っていた。

どんぐり亭の開設から半年ほどたって、その存在が、ある新聞社の記者の知るところとなり、取材の申し込みがあった。

そういうのは、あまり得意ではないし、ちょっと恥ずかしいなと思ったが、お世話になった知り合いの紹介だったので、引き受けることにした。

約束の日。

山の緑がまぶしい八月だった。外の日差しの中はさすがに暑いが、いつものように森がさわさわと冷気を送ってくれ、どんぐり亭の中は、さわやかな空気に満たされていた。

ぼんやり窓の外の森を眺めていると、一台の車が、畑の道をガタガタとはねながらやってきた。中から、飾り気のない、素朴で溌剌とした感じの女性が飛び出してきた。

「こんにちは。加藤先生ですね。森田です。お忙しいところすみません。」

森田さんは、少し早口でそう言った。

「どうも。加藤です。お待ちしていました。暑かったでしょ。どうぞ、お入り下さい。」

とひんやりとした亭内へ招き入れる。

そして、森田さんが入った瞬間、「ほっ」という呼吸音がはっきり聞こえた。

これから先、何度も何度も繰り返し玄関で聞く音だった。

森田さんは、囲炉裏端に座り込み、さっそくインタビューを開始した。

賢い人で、無駄のないテキパキとした質問が僕に向けられた。それは、順調に進んではいたが、僕はそれにぼんやり答えながら、何か、お互いの持つ時間の流れの違いを感じていた。

それで思わず、蛍の話をはじめた。

「あのね、この前、さだまさしさんのコンサートに行ったとき、さださんが言ってたんですけどね、蛍と桜とぼたん雪って、日本人が大好きなものでしょ。その三つの共通点って知ってますか。」

「え、いえ、わかりません。」

「スピードです。蛍が飛ぶスピードは秒速五〇㎝、桜が散る速度も、ぼたん雪が空から降ってくるスピードも同じなんだそうです。日本人はその美しさと同時に速度を愛したんだと思います。本当は、その速度がきっと日本という国に一番合ったリズムなんじゃないでしょうか。

今、僕たちは時速六〇㎞の車に乗って移動しています。それが日常です。それは秒速に換算すると一六mを超えます。蛍が五〇㎝飛ぶ間に、僕らは一六m進んでしまうんです。それは、本当にいいことなんでしょうか。

僕は心と体が離れてしまうことが怖いです。

前に誰かに聞いたことがあります。秘境を旅するヨーロッパの探検隊がネイティブのガイドたちをやとった。すると、ある時期から、どんなにせかせてもガイドたちが歩かなくなってしまった。不思議に思った探検隊の人たちがガイドに訳を聞くと、ガイドたちは、こう言った。われわれは速く歩きすぎてしまった。今、心が追いついてくるのを待っているんだ。だからそれまでは進むわけにはいかない。

僕は、この話が大好きなんです。

生き物って、きっとそんなもんなんじゃないかなって思うんですよ。理屈や計算とはかけ離れた場所に命の居場所はあるような……。

僕は子ども達にそんなことを伝えたい。東京に行くのに誰もが新幹線に乗る必要はない。鈍行列車だって、行き先さえ間違えなければ、いつかは必ず東京に着きます。案外、鈍行列車の方が、美しい周りの景色が見えて楽しいかもしれませんよ。

速いこと、便利なこと、合理的なこと。それは競争相手に打ち勝つことにつながるような気がします。悪いことじゃないけど、そればかりじゃ人は疲れてしまうんじゃないかなあ。不登校の子どもたちのように……。」

ふっと、顔を上げて森田さんを見た。

彼女は、ぼろぼろと涙をこぼしていた。

まさか、新聞記者がぼろぼろ泣くなんて思っても見なかったから、僕はかなり動揺して、立ち上がり、おたおたとティッシュの箱を彼女に渡した。

「すみません。何だかわからないけど、涙が出ちゃって。」

「すみません。どう慰めていいか、分からなくて。」

お互い照れながら、笑った。

僕はこのとき、自分の話が彼女の心を開いたのだと考え、後で思い返して、ちょっと得意な気持ちになった。しかし、本当はそういうことではなかった。

彼女の涙もぼくの言葉も、どんぐり亭が誘ったものだった。この土地の木々や鳥や虫たち、この土地に住むために力を貸してくれた善意の人びと、それらの力が森田さんの心を開いたのだと今ははっきり分かる。僕の力では決してない。

どんぐり亭のカウンセリングの原型がそこにあった。その土地が味方をしてくれるカウンセリングだ。

僕たちは本当にたくさんの話をした。

悲しいことやうれしいことや不思議なこと。時間はいくらあっても足りなかった。

やがて、僕が「ヒグラシの津波」と呼んでいる蝉の大合唱が聞こえ始めた。

初め、森で一匹のヒグラシがカナカナカナ……と鳴き始める。すると、それに合わせて、次々とヒグラシが鳴き始める。一〇匹、三〇匹、五〇匹、一〇〇匹……ヒグラシの声は、やがて、森全体が震えるような大きな津波となって、どんぐり亭に押し寄せてくる。

その轟きとともに、嫌な思い出をみんな洗い流してくれるような、心地よい津波だった。

「仕事柄、たくさんの先生方にもお会いします。でも、加藤先生のような先生、初めてでした。ありがとうございました。」

褒め言葉とも呆れ言葉とも取れる謎の言葉を残し、弾けるような笑顔とともに、森田さんは帰っていった。

後日、彼女の手によるどんぐり亭の紹介記事が新聞に掲載された。素朴で暖かい素敵な記事だった。森田さんの心が開かれたことが一読で分かった。

ただ、記事に連絡先が載っていたものだから、その後は大変だった。メディアとはすごいもんですね。電話は鳴り通しだった。訳の分からない電話もたくさんあったし、不思議な人たちも繰り返し現れた。

突然、どんぐり亭にやってきて、三時間、家族の自慢話をして帰っていくおばさん。「ここは建ってからどれくらい。え、一年にもならないの。それなのに、こんなに木が古くなっているの。仕方ないわよねえ。たくさんの人が来てるから汚れるわよねえ。」決して汚れた訳ではなく、加部さんと喧嘩して塗った色なのに、最後まで全くこちらの話を聞いてはもらえなかった。

「最近、この小屋のまわりに人がたくさん来てるから寄ってみた」という腰の曲がったおばあちゃん。スターウォーズのヨーダを思わせた。あまりに周りの風景ととけ込んでいて、最初ベランダに座っていることに気がつかなかった。ベランダで何かがもそっと動いたので、おばあちゃんと気づいた。冷たいウーロン茶を出したら、「こんな高級なものを出してもらって」とコップに向かって何度も手を合わせていた。その姿がとても美しかった。

宇宙の真理を研究しているというピアニスト。「ここは、気がとてもいいから吹いてあげる」といって、日本の雅楽の笙を吹いてくれた。古風で、とても素敵な音が山小屋に響き渡った。古風な音が染みこんで、どんぐり亭の柱が一気に法隆寺のような古木になっていくような気がした。僕にはほとんど理解できなかったが、宇宙の神秘の話もしてくれて、つむじ風のように帰っていった。不思議な人があまりに次から次から現れるので、少々人あたりがしてしまった。

しかし、昔教えた子の母親からの懐かしい電話もあった。

「先生。新聞みたよ。うちの子ももう二〇歳だよ。あん時は世話になったねえ。卒業してからも、先生との交換日記見ちゃ泣いてさ。懐かしかったよ。本当に。先生、ちっとも変わんないねえ。いい男に写っていたよ。（森田さんが僕の顔写真を載せようとしたけれど、どうしても嫌だといってどんぐり亭を背景に、超遠景の写真にしてもらった。僕の顔は二㎜ほどで、虫眼鏡でも識別できるものではなかった。）あたしかい。あたしは、相変わらず、まだバスの運転手してるんだよ。最近の子は、ほんとにどうしょうもないよねえ。バスに乗っててもマナーが悪くてさ。親がちゃんと注意できないんだもの。これじゃあ、先生の仕事も増えるわけだよ。先生、まだまだ頑張んなよ。あたしも頑張るからさ。話せて良かったよ。またね。」

電話は一方的に切れた。彼女は懇談会でも話し出すと止まらなかった。独演会となった。今回も昔と同様、一言も話させてもらえなかった。

でも会えないけど、遠くでそっと（でもないか）自分を支えてくれる人たちがいることに気づかせてもらえた。それは、僕の中で勇気を生み出し、次の一歩を踏み出す力となった。

五　ある不登校児との出会い

どんぐり亭が持つ、人の心を開く力を不登校の子どもたちのために使わせてもらおうと思い始めたのは、おそらく、ある不登校の子どもとの出会いによるものが大きかったと思う。

「不登校」そう聞いて、みなさんは何を思うだろうか。

わがまま、病気、家庭が悪い、いじめられたのが原因、暗い、ひきこもり……、一般の人が抱くイメージは本当に断片的だ。それぞれのイメージは不登校というものの本質の一部をかすめることもあるが、全体ではない。

「不登校」というのは、一言で言い表すと「人間不信」だと思う。人は何かを誰かを本気で信じることで、生きる元気をもらうのではないだろうか。不登校とは生きる元気を失うこと。人を信じることができなくて、孤立していく過程に不登校があるように思う。

僕が初めて、引きこもり状態の不登校児を担任したのは、山小屋建設を思い立ち土地を探している最中だった。

これまで、不登校傾向の子どもを担任したことはあった。その頃は、不登校というものがどういうものか、まだろくに分からなかったが、なにせ、不登校という状態がかわいそうで何とかしたくて、学校にそうした子どもがいると、校長先生にお願いして、その子の担任にしてもらってきた。しかし、今回のユキオはレベルが違った。

六年生のユキオは、小学校入学当初から不登校傾向が出ていた。その傾向は、四年生から顕著になった。五年生では、本当に僅か、何かの拍子で学校にふらりと現れることもあったそうだが、ほとんど家から出ず、引きこもりの状態になっていた。

ユキオを担任することが決まった四月八日、彼の家に家庭訪問に行った。そこで見た光景を僕は生涯忘れないだろう。

玄関で声をかける。ガタガタと立て付けの悪い玄関を開く。家の中は僕の見たことない世界が広がっていた。

畳は長年掃除された形跡はなく、ゴミが散乱し、ほこりが白く分厚く一面につもっていた。母親にお願いしてあげてもらい、彼の部屋のある二階へと上がっていく。階段から、ふと振り返ると、まるで雪道を歩いたように、くっきりと足跡が残っていた。

彼の部屋の扉に手をかけた時、自分の手が震えていたのを覚えている。扉を開けると、そこはゴミの山だった。脱ぎ散らかされた衣服があちらこちらで山になり、カップラーメンの食べかすがそここに転がっていた。片隅にはオマルがあった。部屋の一番奥に万年床がしいてあり、布団は外で飼われている茶色い犬が中まで上がってきて歩き回るため、泥だらけで犬の足跡がいくつも付いていた。その布団は丸く盛り上がり、人が動く気配がしていた。

僕は、その布団にそっと歩み寄り、声をかけた。

「ユキオくん。はじめまして。今度、あなたの担任になった加藤です。」

もぞっと布団が動いた。

「ごめんね。失礼するよ。」

と布団をめくる。

中にはびっくりするほど色の白い男の子が、すやすや眠っていた。僕は彼を見た瞬間(かわいい!)と思った。何だか起こすのが気の毒だったが、それでも、意を決して揺すり起こした。猫のように伸びをして、彼は目を覚ました。しかし、目の焦点は全く合っていなかった。

「ユキオくん。はじめまして。担任の加藤です。よろしく。」

言葉をかけても反応がなかった。

そっと、体を引き起こす。ふっと素直に起きあがった。焦点の合わない目で僕を見ていた。僕を見るというより、僕を通過してその後ろを見ているような目だった。

もう一度、声をかけると、ちょっと焦点があった。そして、うめき声をあげた。何でこんな奴がいるんだ、というような非難の声に聞こえた。それでも、彼と一緒にそこに座っていると、うめき声はさらに大きくなってきた。

たまたまそこに、赤茶けた犬が外から帰ってきて、当たり前のように階段を上り、彼の部屋に入ってきた。すると彼は、その犬の耳に突然かみついて、ぶんぶんと振り回した。犬が驚いて、キャンキャン悲鳴をあげる。

「やめなさい。かわいそうだ。」

思わず僕がそういうと、彼は口を離して僕を睨んだ。

僕は、彼のいらだちを鎮めるために、彼から離れた所に座り直した。すると、彼はまたとろんとした目つきになって、ぱたんと寝てしまった。

（一体これは何なんだ。）

僕は大学時代に教育学の講義で習った、オオカミに育てられた少年、アマラとカマラをふっと思い出した。

（これは、何とかしなければ。）

そうした強い思いが心の底から湧き上がってきた。

翌日から、登校前に毎朝、彼の家に行って彼を起こした。最初は僕を家にあげるのを渋っていたお母さんも毎日のこととなると諦めて、自由に振る舞わせてくれた。

「おはようございます。ユキオくんを起こしに来ました。すみません。おじゃまします。」

と声をかけ、彼の部屋に向かう。万年床のユキオを起こす。うなり声をあげることもあるし、すくっと素直に起きることもあった。

学校が終わると、彼の家に行ってまた彼を起こした。その頃の僕には何をどうやっていいか、全く分からなかったが、とにかくこのまま寝かせていてはいけないという思いだけがあった。だから、普通の子どもたちが起きている時間に寝ているユキオをひたすら起こし続けた。

一ヶ月ほど続けて分かったことだが、彼はいったん、朝五時に目を覚ます。そして、またすぐ寝てしまう。そして、十時ごろ目を覚まし、ずっとテレビを見続ける。そして、夕方寝て、夜中に起き出し散歩をすることがあるという。散歩しない時は夜中テレビを見ていた。生活リズムはこれ以上壊せないほど、めちゃくちゃだった。

起こし続けていると、ときどき、起きていることがあるようになり、一ヶ月後には、僕が行く頃にはいつも起きているようになった。ちょっと光が見えた気がした。

夜中の散歩以外、外に出ることもなく、ひたすらテレビを見ている彼は、言葉がうまくしゃべれなくなっていた。インすることはできても、アウトすることができなくなっていた。だから、起きている時には、話をし続けた。僕が話をして、質問をする。それがストレスになって、肩を震わせチック症状を起こすこともあった。テレビのような一方的な情報は受け入れられるが、会話のような双方向のコミュニケーションはとても苦手だった。しかし、質問を続けた。すると、徐々にそれに反応して、話をするようになってきた。時折笑顔を見せるようにもなった。

状態はかなり改善されたと思ったので、クラスの子たちにも働きかけることにする。

クラスの子たちにユキオのことを聞いてみると、むろんのことほとんど交流はなく、いても、いなくても同じというような反応だった。少なくとも誰かから、嫌われていることはなかった。

そこで、まず、クラスのみんなにユキオが、学校に来られないでいる事実をはっきり認識させるように心掛けた。何かにつけて、ユキオを話題にする。そして、グループを作る時も、そのまま放置されていたユキオの机を、必ずみんなと同じに並べるようにした。帰りには、「あーあ、早く、本当の六年二組に会いたいなあ」と毎日つぶやいた。

そのうち、ユキオの席の隣の子が「はやく学校においで、みんな待ってるよ」という内容の手紙を書きたいと言い出した。そこで、その子に手紙を書いてもらった。すると、クラスで一番近所の子が、「ぼくが届ける」と言い出した。そして、来られないことが分かりながら、毎朝、彼を迎えに行くようになった。動き出した子ども達の力は素晴らしい。僕はその頃から一日の二回の家庭訪問のうち、朝の家庭訪問を止め、子ども達に任せることにした。

そして、奇跡は突然やってくる。

五月の中旬、朝、クラスの子どもたち一斉に職員室に駆け込んできた。

「先生、ユキオが来た。」

「え。」

まさか、と思った。まだまだ時間がかかると思っていたから。

すぐに教室に走っていった。普段、「廊下を走るんじゃない。」とさんざん子ども達を注意しているが、そんなことお構いなしで、先生が率先して全力でクラスに走った。子ども達も興奮して、走ってついてきた。

クラスの扉を開ける。勢いあまってすさまじい音がした。

そこには、クラスの子たちに囲まれたユキオがいた。自分の席に座りうつむいていた。

「ユキオ、えらい。よく来た!」

思わず抱きしめていた。ユキオは固くなって、照れくさそうにニヤッと笑った。

初めてクラス全員がそろった授業。本当に気持ちが良かった。ユキオは何もせずに、ただそこにいるだけだったが、隣の子がいろいろ世話を焼き、本を見せたり、ノートを開いてやったりした。

時折、隣の子が話しかけると、小さく「うん」と頷いていた。子ども達が「ユキオの声、初めて聞いた」とか言っている。何だか、とても微笑ましかった。

二時間の授業が終わって、二十五分の休み時間。また、けたたましく子ども達が職員室に駆け込んできた。

「先生、ユキオがいない！」

また、全力で廊下を走った。

教室にはいなかった。ランドセルはそのまま。外履きもあった。

（校舎の中にいる。）

そう思ったので、みんなで手分けして探した。すると一人の子が、

「特別教室前の男子トイレに誰かが入っていて、鍵がかかっている。」

と報告してきた。すぐに飛んでいって、調べると、確かに中から鍵がかかっている。

「ユキオか。そこにいるのか。」

と声を出したが、何も返事がない。鍵をがちゃがちゃしても反応がない。

（きっと、ここにいる！）

個室トイレの扉の上の部分は空いている。思いあまって、そこに飛びつき、懸垂をして上から覗いた。

「いた！」

そこにはトイレの中の狭い空間に猫のように丸まって寝ているユキオの姿があった。

その姿を見たときに、僕には、すべてが分かった。

ユキオはありったけの勇気を絞って学校にきては見たものの、子ども達の元気に気圧されてくたくたに疲れ切り、一人静かな所で休んでいたのだった。心細かっただろうなあ。くたびれたんだろうなあ。何か切ない気持ちで一杯になった。不登校とはこういうものなのか、僕はユキオの所在なげな寝姿をしっかりと胸に刻んだ。

上からよじ登り、内側に下り、鍵を開けた。やっとのことでユキオを起こし、保健室でしばらく寝かせた。

クラスの子たちには、ユキオの気持ちをみんなで考えてもらった。みんな、よく分かっていて、「ユキオが来たのがうれしくて、僕たちは、ちょっと騒ぎすぎた」とか、「今度来たら、もっと自然にしていよう」などと言っていた。子ども達だけで進める学級会の中で、子どもたちなりに、ユキオの気持ちを一生懸命推し量ろうとしていた。暖かい本物のクラスに育ち始めていた。ユキオを通じて、子ども達は人として大切なものを学び始めていた。

クラスに問題行動を起こす子どもがいると、その子は、やっかいもののように思われがちだ。「先生、あの子がいるんで、大変ですねえ。ご苦労様です」という親もいる。しかし担任は決してそんなふうに思っているわけではない。それは、そうした子がクラスにいれば、仕事は増える。しかし、その幸せ度が低い問題行動を起こす子こそクラスの核になり、そのクラスを暖かいクラスに変える力になっていく。苦労なしに暖かいクラスはできないのだ。みんなでその子のことを自分のことの育てていく。

ように真剣に考えることで、子ども達はどんな人とも希望を持って暖かくつきあっていく社会性を
　だから、問題児はクラスの宝物なんだ。

　それを僕はこの子たちから教わった。それは今日まで、僕を支える大きな力となっている。

　ユキオは、保健室で二時間ぐっすり寝て、給食もしっかり食べた。僕は昼休みに彼を教育相談室に呼んだ。向かい合って話していたら、緊張のあまり、またチックが出てきたので、向きを変え、九十度の位置から、彼を見ないで話した。今日、来られたことを先生やみんながどんなに喜んでいるかを話した。ユキオはピントの合わない目でぼんやり聞いていた。そして、僕は、話を続けた。

「なあ、ユキオ。なんのために学校へ行くかわかるかい？」

「…………」

「それはね、夢をかなえるためなんだよ。勉強ができるようになるため、とか、いい会社にはいれるため、とか、そんなちっぽけなことじゃないんだ。学校という場所で、いろんなことに挑戦する。その中には苦手なものも嫌いなこともある。でも、まず挑戦する。それをやっているうちに、本当に大好きなものが見つかってくる。それを夢に変えて叶えること。そのために学校はあるんだ。お前は今、大好き、これをやっていたら一生幸せ、というものがあるかい？」

「……ない。」

「そうだろ、だから、学校に行くんだよ。きっと大好きなものがいつか見つかる。自分の人生を全部賭けてもいいようなものが見つかる。それが夢になるんだよ。先生は、自分の大好きなものは何だろうって、ずっと考えてた。そしたら、あるとき、ポッと答えがやってきた。先生の好きなものは、『子どもと自然』だって。だからね、小学校の先生になって、いつも子ども達と一緒にいて、長い休みには子どもたちと会えないから、世界の自然を見に行く。だから、先生はいつも大好きなものに囲まれているんだ。それが幸せってことだと思うよ。

人が生まれてきた意味は二つだと思う。一つは自分の手の届く範囲の人をできる限り幸せにすること、二つめは、大好きなものを夢に変えて、それを叶えること。

だからな、ユキオ、お前、学校に来て、いろんなことに挑戦して、大好きを見つけなよ。」

どこまでユキオに分かったかは分からない。六年生、それもずっと不登校を続けていたユキオには難しい話だ。それでも、僕の口は止まらなかった。なんとか分かって欲しかった。

ようやく、僕の的はずれな熱い話が終わったところで、ユキオがぼそっと言った。

「でも僕、先生がびっくりするほど、漢字できないよ。」

僕はその言い方がかわいくて思わず吹き出した。そして安心した。

(なんだ。彼もちゃんと進歩したいと思っているんじゃないか。)

「じゃ、先生と一緒に漢字の勉強してみるかい。」

ユキオはこっくりと頷いた。

その日から、僕とユキオは休み時間、相談室にこもって二年生の漢字から勉強を開始した。驚いた。漢字がパターンとして全く頭に入っていないユキオは横線を平気で右から左に引いた。縦線を下から上に引くこともあった。一つの漢字を覚える、というかお手本を見て書けるようになるのに、たっぷり二〇分はかかった。（卒業までにとても間にあわない）それが、僕の第一印象だった。（人間とは学び続けないと、こんなことすらできなくなっていくもんなんだ）と実感した。普通の六年生がいかに多くのことを学び、身につけてきたか、改めて感心した。

それでも、二人で漢字の勉強を続けた。やがて変化が現れる。加速度的に覚えるスピードが速くなった。部首が頭に入り、それがパターン化した途端、みるみる漢字が覚えられるようになっていった。そして、卒業までには見事、六年生の漢字までを学習し終えることができた。卒業の頃には、僕はユキオに漢字を教え始めた頃とは正反対の感想を持っていた。

（人ってすごいもんだ！）

だが、すべてがこんなトントン拍子にいったわけではなかった。

漢字の勉強を約束した翌日、彼は学校を休んだ。前日の感動も冷めていなかったので、ものすごく落ち込んだ。昨日あれだけ疲れたのだから、今日はきっと駄目だろう、という予感はあった。でも、このまま、ぐんぐん回復していくようなイメージを持ってしまっていた僕は、ちょっとユキオに裏切られたような気持ちになった。

　夕方、家庭訪問に行った。彼には僕が来ることが分かっていたようだ。いつものように玄関で声をかけ、二階へ上がる。その瞬間、二階で大きな音がした。急いでユキオの部屋へ入ると、彼はいなかった。開け放たれた窓から覗くと、なんと、彼が屋根の上を走っていた。

「危ないから、もどれ！」

　そう叫んだが、彼はどんどん走っていく。隣の屋根に飛び移り、さらにその隣へ。もう一刻の猶予もなかった。僕も二階の窓から屋根を走った。とにかく追いかける。足下の瓦がガチガチと鳴った。高所恐怖症の僕は下を見たら足がすくむ。ユキオだけを見て、走った。

　ユキオは、数軒隣りの屋根から河原へ降り立ち、堤防の上を裸足で走っていた。僕もその後を追いかける。河原を数十メートル追いかけたところで、タックルしてつかまえた。彼は暴れることもなく、その場にしゃがみ込んで泣いていた。

　僕は自分がとてもひどいことをやっているような気がした。

「そんなに学校行くのが嫌なのか。」

というと、彼は、首を振った。そうじゃない。自分でも訳がわからないのだ。ユキオの悲しみというのは、自分でも訳も分からず、こんな行動をとってしまうことにあった。

　二人で、手をつないでユキオの家まで歩いて帰り、部屋に座らせた。

かける言葉がなかったので、とにかくじっと二人で座っていた。一時間くらいそうしていた。ユキオが落ち着いたようだったので、

「また、明日ね。」

と声をかけて、帰ってきた。

翌日から、また朝の家庭訪問を始めた。彼に人としてのリズムを取り戻させるための家庭訪問だった。彼を起こし、顔を洗わせ、トイレに行かせる。その間に、母親に朝食を作ってもらい、それを食べさせる。そして、母親と僕で玄関で見送る。

「いってらっしゃい。」

そして、彼は小さな小さな声で、

「行ってきます。」

とつぶやく。

「だめ。元気がない。やり直し。」

と僕が言う。

彼は、やけを起こして、大きな声で、

「行ってきまーす。」

と叫ぶ。

こちらもそれに負けず、
「行ってらっしゃーい。」
と叫んで、僕は車に飛び乗り一足先に学校へ行く。ユキオは歩いて一五分の道を三〇分かけて、のろのろやってくる。それをクラス全員で「おはよう」と迎えた。人としての生きるリズムが少しずつ彼の中に育ってきた。

ときどき揺り戻しがきて、全然布団から出られなくなる日もあった。頑張った週は一日は休んでもしかたないと思った。でも二日続けて休むのはしないと約束した。

どうしても家庭訪問に行けない日もある。そんな日は、母親に電話して送り出してくれるように頼んだ。

そして、だんだんと家庭訪問の日を減らしていった。母親だけで何とかなるようになってきた。僕は母親に電話をして、

「ユキオくん。自分で来られるようになってきたね。お母さんのお陰です。ありがとうございます。これからもよろしくお願いします。」

と感謝の気持ち伝えた。母親は、とてもうれしそうだった。やっと希望が見えた。

その後も、ときどき揺り戻しが来た。別人のように調子が悪くなって、来られなくなった。覚悟していたつもりだったが、だめになってくると正直辛かった。でもそのたび、あのトイレで

丸くなって寝ていたユキオの姿が浮かんだ。そして一緒に歩かなくちゃ、と思い直した。

繰り返すが、不登校は「人間不信」だと思う。人にはみんな心の中に愛情のコップがある。そのコップに愛情がたまっていないと、人を信じられなくなる。不登校にもなる。それをまわりの大人が、自分の大切な時間を使って、一滴ずつ愛情を注いでいく。不登校児のお母さんが自分の時間を使って、カウンセラーに相談に来る。一人どうしようかと悩む。それは、不登校の当人は知らないことかも知れないが、母親が大切な時間を自分のために使ってくれていることが、何かの形で伝わっているような気がする。彼の心のコップに一滴の愛情がたまっている気がするのだ。不登校が一人治っていくためには、膨大なエネルギーが必要になる。その心のコップの大きさが見えたらいいのに、と今でも思う。そうすれば、いつまで頑張ればいいか、分かるから。強い揺り戻しがきても、それでも、その子の回復を本気で信じて続けることでいつかコップが溢れる。そのときが復帰のとき。それまでは、回復を信じて信じて信じ続けるしかない。

不登校児を学校に復帰させる技術はいろいろある。それはそれで大切なのだが、そんな技術より、誰かが気にかけてくれているということを知ることが回復の一番の力になるのだ。あの頃の自分は今とは比べものにならないくらい稚拙な技術しか持ち合わせていなかった。しかし、それでも、コップの中の愛情は、ちゃんと一滴ずつたまるものだということを、ユキオは教えてくれた。

彼も母親も本当によく頑張って、幾度となく彼らをおそった危機を乗り越えた。

ユキオは、秋にはもう全く学校を休まなくなった。心のコップにみんなの愛情が注ぎ込まれ、溢れたのを僕は感じていた。

そして、そのまま三月末の卒業式の日まで、無欠席が続いた。

（もう大丈夫。よかった。）

卒業式の卒業証書授与の時、六年生の担任は心を込めて、一人ずつの名前を呼ぶ。それに、一人一人が返事をし、校長先生から証書をもらうのだ。

彼の番になった。

「○○ユキオ。」

「はいっ！」

体育館一杯に響き渡る返事を置き土産として、彼は小学校を卒業していった。

瞬く間に四月となり、僕には新しい子どもたちとの出会いがあった。毎年のことだった。またクラスに大変な子どもがいて、その子を学級経営の核にして、暖かな学級作りを目指し、大忙しの毎日を送っていった。それもまた毎年のことだった。

すべての努力が報われ、ハッピーエンド……のはずだった。

しかし、六月のある日、学校の電話が鳴った。中学校の先生からだった。

「加藤先生、すみません。先生の教え子のユキオくんが家で暴れてて手がつけられません。泣き叫びながら、先生の名前を呼んでいます。家まで来て頂けないでしょうか。」

（しまった。）

すぐにユキオの家に飛んでいった。

立て付けの悪い、懐かしい玄関に手をかける。奥から大きな声で泣きわめく声が聞こえた。あわてて中に入ると、ユキオが部屋の真ん中で泣いていた。それを中学の先生が抱きかかえるように押さえていた。部屋には衣類や靴などが散乱していた。

「あ、加藤先生、ありがとうございます。ほら、ユキオくん。先生が来たぞ。よかったな。もう大丈夫だから、落ち着いて。」

疲労困憊といった感じの中学の先生は、彼に向かって、そう言った。

ユキオは僕の姿を認めると、体の力を抜いて、その場に座り込んだ。

中学の先生が事情を説明し始めた。今日、彼の叔母さんが家に来て、彼が学校へ行っていないことをなじった。それを聞いているうちに、パニックを起こし暴れ出して、何を言ってもおさまる状態ではなくなり、母親から中学に電話があったとのこと。すぐに、生徒指導の先生が家に向かって、止めたが、どうにもならなくて、小学校のほうに電話が来たのだった。

彼は、中学に入学してすぐ、また不登校になっていたのだった。

不覚にも僕はそれを知らなかった。ユキオが卒業してからも、時折彼のことを思い出した。しかし、連絡をとれば却って里心を起こし、不登校の引き金になるかもしれないと思って、全く連絡を取らないでいた。正直にいえば、今年担任した大変な子どもへの対応で飛び回っていて、ユキオのことが後回しになっていたことも事実である。本当に不覚。僕の大失敗。

彼は、去年の四月、初めて出会った頃の彼に戻ってしまっていた。たった二ヶ月で。

自分の無力さと至らなさで、口がきけないほどのショックだった。

その夜、ユキオの担任に電話をした。ユキオが卒業するとき、中学の先生たちと引き継ぎをしてはいたが、担任と話すのは初めてだった。これまでの経緯とどうやって彼が不登校から立ち直っていったかを話した。長い電話だった。中学の担任の先生は、最後にぽつりと言った。

「ごめんなさい。私にそれは、とてもできません。」

どうして、もっと早く知らせてくれなかったのだろう。崩れかかった直後なら、もっと何とかできたのに。僅かな努力で、彼が立ち直ることができたのに……。それはできないと正直に言ってくれたその先生を責めるつもりはなかったが、無性に悲しかった。そして、自分の油断が彼の人生を変えてしまったことを情けなく思った。

その後、ときどき、中学の生徒指導の先生と児童相談所の先生と三人で彼の家を訪ねた。パニックを起こすようなことはなくなり、六月のような不安定な状態でいることは少なくなった。

ある日の夕方、ユキオと話してそれぞれの職場に帰る道すがら、僕は言った。

「ユキオがまた普通に学校に行けるようになったら、三人で飲みに行こうよ。」

二人は笑って同意した。しかし、とうとうその日は来なかった。ユキオが六年生のときの彼に戻ることはなかった。


ユキオは僕に実にいろいろなことを教えてくれた。しかし、僕は彼に何もしてやれなかった。不登校というもののもつ闇の奥深さを思い知らされた。落ち込む僕に友人は、「だからといって、学校に来られた時間は消えないよ」と慰めてくれた。しかし僕は本当の意味で、ユキオから信じてもらうことができなかったのだと思う。

どんぐり亭が出来たとき、不登校のような心に課題をもつ子たちのために役立ちたいと思うようになったのは、多分、ユキオのことがあったからだと思う。ユキオと出会わなかったら、どんぐり亭が今のような場所になることはなかっただろう。

六　樹のお医者さんにならなくては……

森田さんが新聞に取り上げてくれて不登校児の受け入れが公表されて以来、どんぐり亭には元気な子どもや親たちの来亭だけでなく、ユキオのような不登校児を持つ親からの連絡が増え始めた。彼のような子ども達が少しでも減ってくれれば、と思い片っ端から受け入れた。何故か圧倒的に女の子が多かった。しかしユキオのように自分が担任していれば簡単にできることも、週末の数時間だけの出会いで一週間の彼女たちの行動をより良い方向に導くのは、思いのほか難しかった。

しかし、あせっても仕方ないので、どんぐり亭の心を開くあの不思議な力を借りながら、心を落ち着かせるカウンセリングと自然の中での活動を組み合わせて、少しずつ前に進もうと思っていた。時間をかけて、じっくり子ども達に合ったどんぐり亭流の復帰プログラムを作っていこうと考えていたが、この時はまだまだ何も決まっていなかった。

そんな中で偶然のように治っていった子もいるし、なかなか治らず、親が諦め、連絡をもらえなくなるケースもあった。

不登校の子たちを助けると言っても、まだ何をしていいかわからなくて、大抵の場合、その子と森を散歩した。とにかく森にさえ入れば、何かいいことがあるだろう、と。

森には絶滅危惧種のサクラソウが咲く。それだけでなく、さまざまな花が咲く。春にはヒトリシズカやチゴユリ、アズマイチゲ、ユキザサ。林床を一面の白に染める。そんな気持ちのいい森に子どもたちを連れ出した。僕は、林床の美しい花々の説明をしようとした。すると、ある女の子が、全く違う方向を指さし、

「先生。あの木、病気なの?」

と言ってきた。その指の方向を見ると、木肌に白い菌糸のようなものが出て、枯れかかっている一本の木があった。何度も森に入っている僕は、初めてそれに気づいた。

「うーん。病気みたいだなあ。僕にもよく分かんないけど……。」

「先生は治せないの?」

「森の樹は自然のままにあるんだから、病気になって枯れてしまうのは、仕方がないのかもしれないなあ。」

「…………。」

僕は苦し紛れにそんな思いつきを口にしたが、その子は何だかすごく悲しそうに見えた。僕はその時、はっと気がついた。(この子は、病気の樹と自分を重ねているんだ)「先生、この木が治せな

いの？」というのは、「先生、私が治せないの？」と同じ意味だった。その子の言葉通り、その子は不登校が治らず、両親は僕に愛想を尽かし、連絡をくれなくなってしまった。

その頃ちょうど、黒姫の写真家、南さんが東京で写真展を開くということで、見に行った。僕はその写真に強い衝撃を受けた。

その写真は「樹医」の仕事を追いかけたものだった。樹の医者というのがいることをその時、初めて知った。日本で最初の樹の医者、山野忠彦先生とその弟子、山本光二先生の樹木治療の記録だった。

長野県に「閑貞桜」と呼ばれる美しいしだれ桜がある。雪景色のたおやかな黒姫山をバックに咲き誇るうつくしいその桜は、イギリスのＢＢＣ放送でも紹介されたほどの桜である。それが、樹勢が衰えみるみる枯れ出した。そのすぐ近くに住む作家、Ｃ・Ｗ・ニコルさんが、そのことに心を痛め、山野先生に治療を依頼した。その頃高齢のため、体調を崩していた山野先生は、もっとも信頼する弟子の山本先生を黒姫に送った。

その桜を診た山本先生は驚いた。これまでに治療したどの木よりもひどい状態だった。

しかし、ニコルさんは、「この木が自分のおばあちゃんだったら、どうするの？　治らないから、といって放っておくかい？　今、自分がやれるだけのことをしてやると思うよ。治らないかもしれないから、といって見捨てるのは間違えていると思う」といって治療にかかる何百万という治療費を自分で出すといった。この桜はもちろんニコルさんのものではない。その思いに心を打たれた山本先生は大阪から長野まで、何度も何度も足を運び、治療を施した。そして、桜は見事にそのみんなの思いに応えて、蘇った。その治療前の様子と治療後の様子の桜の写真を見た瞬間、体中に電気が走ったように感じた。見る影もなく、ぼろぼろの瀕死の桜。そして、薄雪のかかる黒姫山を背に胸をつかれるような美しい満開の桜。胸が熱くなって、涙がにじんだ。

「先生は治せないの?」

あの子の声が聞こえた。

(樹のお医者さんになりたい!)

僕はまた走り出した。

普段の小学校の業務に加え、週末のどんぐり亭の運営だけでも人並みはずれて忙しいのに、今度は樹のお医者さんになるなんて言い出した僕に周囲は呆れた。しかし、嫁さんは、「やりたかったら、どうぞ」と笑顔で言ってくれた。ありがたかった。僕が言い出した時には決定事項だ、

枯れかかった桜　　（写真　南健二）

ということを今までにも嫌というほど経験してきたから、諦めていたのかもしれないけれど……。

すぐに、大阪の山野先生、山本先生に弟子入りを申し込んだ。日本樹木保護協会では、その高い樹木治療の技術を伝えるために、樹医のセミナーを設けていた。そこに入れてもらって、大阪まで通うことになった。

夜は学校の仕事があり樹のお医者さんの勉強はしていられないので、毎朝、五時には起きて、勉強をした。勉強しなくてはならないことはきりなくあった。樹の生態や治療に使う薬品のこと、剪定の仕方や土壌学。社会心理学が専門だった僕にはまるで訳の分からぬ勉強だった。睡眠時間は極端に減った。三時間程度になった。体はきつかったが、学生に戻ったみたいで楽しかったし、どうしてもあの桜を治せるような力が欲しかった。

「先生、治せないの?」と聞かれた時、「いや、治せるよ。」と言える人間になりたかった。それが、縁あって僕のもとにやってきてくれる子ども達を助ける大きな力になるんだ、ということも強く感じていた。

回復して満開になった桜（写真　南健二）

普段は、朝、家で勉強を続け、実習日には大阪まで出かける。京都に住んでいた僕には大阪は馴染みのある場所だったが、やっぱり遠かった。しかし、新幹線の中でやり残した勉強がやれるので、長い旅路はありがたかった。大阪では、山本先生のもと、大学の先生の講義を受けたり、チェーンソーを使って外科的治療を行ったり、病気の樹の診断方法を習った。切り株で練習している頃は良かったが、実際の街路樹の治療などは、生きている樹への責任を感じて、緊張した。自衛隊前の痛んだ桜並木の治療が、初めての現場実習だったが、それが成功し、翌年、見事な花を咲かせてくれた時は本当にうれしかった。

協会の試験を受け、何とか二級の合格証書を手にしたが、自分がようやく入り口にたどり着いただけの、まだ半人前であることはよく分かっていた。

しかし、僕は合格証よりはるかに大切なものを手にすることができた。それは、樹や草など植物というものへの愛情や理解がこれまでとは、比べものにならないほど、深くなっていたことである。もともと、森に住もうと決め、そのために切られる樹を見て半べそかくような人間だから、植物への思いはそれなりにあった。しかし、大阪での修行の後は、行動が確実に変わってきた。

車を運転し、赤信号で止まっていると、街路樹が気になる。元気だろうか、あそこは病気になっているなあ、あの樹は元気いっぱいだ、などとつい見てしまう。病状がひどいときは、思わず、

「うーん、あの樹は病んでいるなあ。がんばれ。」

などとつぶやいてしまい、嫁さんが、

「ミニスカートの女の子に見とれるんなら分かるけど、樹に見とれているなんて……。あんまり、人前で言わない方がいいよ。」

と笑った。

レストランの駐車場でも今までだったら、出しやすさ、降りやすさだけを考えて、駐車していたのに、樹が植えてあると、そちらに排気ガスをかけないような位置に必ず駐車するようになった。

それが、どんな厄介な状態になろうとも、それが最優先となった。

車の中には、治療道具一式がいつも入っていて、そっと街路樹や近所の樹を治して回った。やっぱりちょっと変な奴である。

今まで、人を中心に物事を見ていたのが、樹の視点で見るようになってきた。

それは、樹木に対する様々な知識が手に入り、合格証が手に入ったことも関係があるだろうが、それよりもなによりも、樹木治療の師匠の山本先生や限りない愛情を樹木に注ぐ仲間に出会って、その薫陶を受けたことが大きい。

二級樹医に合格してからは、協会から連絡が来て、全国の巨木、古木の治療の手伝いをさせてもらうようになった。

和歌山県の世界遺産、熊野古道では、かつてそこを支配していた豪族の屋敷にそびえるシダレザクラの治療を手伝った。枝はぼろぼろで、幹のあちらこちらが菌に冒され、空洞ができていた。根を掘り返すと、石垣作りに使われたものなのか、ごろごろと大きな石が出てきた。痛んだ根は、切り取り、薬につけた。土の質も悪く、根を痛めないように丁寧に掘り返し、良い土と粒の炭などを混ぜて、埋め直した。幹の空洞には、山野先生が考案した外科的治療を行った。

治療とはいうけれど、実際は工事現場のありさまで、足場が組まれ、命綱をつけての作業を泥だらけになりながら何日も行う。

忙しい治療の合間、僕はその桜の脇の塀に不思議な標札を見つけた。そこには、「桜垢離《ごり》」と書いてあった。水垢離とは、水で体を清めること。桜垢離。この桜は石垣の上にそびえており、その下には石垣にそって細い道が通っている。昔の旅人は、春、満開のしだれ桜の下を旅したのだろう。その桜吹雪はまるで花びらのシャワーのように道行く人たちを清め、喜ばせたに違いない。

やっと治療が終わって、樹の下でみんなでお茶を飲んでいるとき誰かが言った。

「この樹が花をつける春に、またみんなでここにお花見に集まろうよ。」

僕は思わず、

「いいねえ。」

と声を出したが、春は小学校が一番忙しい時期。とても熊野古道まで来られるはずもないことは分かっていた。やがて春になり、僕は新学期の業務に忙殺されていた。その時、仲間から連絡が入った。

「加藤さんが来られなくて残念でした。治療は大成功で、見事な桜の花が満開に咲きました。とてもきれいでした。」

僕は、満開のあの桜の下で、お花見をする仲間たちの姿を思い浮かべ、なんとも幸せな気持ちになった。

東京では、亀戸天神の藤の治療を手伝わせてもらった。亀戸天神の藤は、あまりの美しさに安藤広重が絵にしたというくらいの藤だった。その藤が、池の工事をきっかけに咲かなくなってしまった。神社も地元の人たちも困り果て、藤の治療者を探していた。ちょうど、「みどりの日」の特番で、ある番組が放送されていた。その主人公は山野忠彦。日本で初めての樹のお医者さんで、三十年以上に渡って、全国の巨木、名木を治療していた。それを見た宮司さんが、山野先生に治療を依頼してきた、という訳だった。その時、山野先生は九十八才で天寿を全うされていたが、後継者がいた。それが山本先生で、それ以来、山本先生とその弟子たちが亀戸天神の藤の治療と管理にたずさわることになった。

亀戸では、山本先生とあるお弟子さんが同時に来ると、必ず、雨になるというジンクスがあった。僕はどういう訳か数ある治療日のうち、そのタイミングにはまってしまい、いつも土砂降りだった。雨の中、細い足場に登っての作業や、穴掘りの作業は辛い。ある冬の日は、珍しく雨が降らなかった。しかし、とても喜べなかった。十年に一度と言われる大雪だった。総武線が止まり、群馬からやってくる僕は大幅に遅れて、到着した。

雪の中の作業はさらに大変だった。

しかし、作業の合間に聞く山本先生のお話は、本当に心に染みて、ずぶぬれの体と心を暖めてくれた。

この亀戸天神で藤の治療を始めたとき、みんなが藤の根本を踏み固めて、樹勢を弱らせていることに気がついた山本先生が、宮司さんと相談し、藤の根本に入らないように取り決めを行った。しばらくして、山本先生が藤の治療のために幹の様子を調べていると、いきなり怒鳴り声が聞こえた。

「こらあ。そこに入るんじゃない！　大切な藤を傷めないように偉い先生が決めてくれたんだ。すぐに出ろ。」

地元の人が真っ赤になって怒っていた。

山本先生は、

「すんません。」

と謝って、すぐに藤棚から出たそうだ。山本先生は楽しそうにその話を僕にしてくれ、にっこり笑って、こう言った。

「ぼくは、あの時、本当にうれしかったんや。藤がこんなにも地元の人に愛されていることがな。」

山本先生は、山野先生の思い出話もよく聞かせてくれた。

ある時、千葉に出張にでかけた山野先生から、「治療道具持って、直ぐ来い」と連絡が入り、駆けつけていくと、そこのお宅には一本のケヤキの木があった。すでに枯れていて、手のつけようがない状態だった。山本先生は、「先生、あきません。枯れてます」と言ったが、山野先生は、「とにかく、治療しろ」と言う。仕方なく、樹に登り、治療薬をつけていた。すでに死んでいるのだから、これは治療ではないなあ、と思いながら。ふっと下を見ると、山野先生とおばあちゃんが話をしている。

治療を終わって、山野先生に
「先生。今、何を話していはったんですか。」

と聞くと、

「あの樹の思い出ばなしだよ。あの樹は、あのおばあちゃんの家族だったんだ。人は家族の死を受け入れるのに、時間がかかるもんなんだよ。」

と答えたという。そして、振り返って、おばあちゃんに言った。

「残念だけど、この樹は枯れてしまったんだよ。でも、ここを見てごらん。このケヤキの子ども達が育っている。枯れても母親はこの子どもたちを守ってくれるだろう。あなたは長生きしてケヤキの成長を見届けないといけないよ。」

「ぼくはな、あのとき、人に人格があるように樹にも格があることを教わったんや。」

山本先生は、懐かしそうに、そう語ってくれた。

樹にも格がある。そんなこと考えたこともなかった。それを体感し、伝えてくれる山本先生の存在はとても大きかった。思えば、「僕は、あの樹を治せるよ」という台詞を言いたくて始めた樹医の修行だった。しかし、そこでの人との出会いは、すべての命に対する畏敬の念に変わっていった。今でも、僕は、「あの樹を治せるよ」とはとても言えない。おそらく、山本先生も言わないと思う。懸命に樹の声を聞き、「樹が治ろうとするお手伝いをさせてもらってるんや」と言うだろう。僕もそう思う。命は本当に不思議で奥深い。心に傷を負った子ども達も樹も草も鳥も虫も……みんな同じ生を受け、複雑に繋がりながら、同じ星に生きている。その命すべてに格がある。そして、それは、誰かの命の役に立っていて、この世に無駄な命など一つもない。この不思議さ。不登校の子たちは、それを感じ取ることで何故か心が癒されていくのだった。

そこでの学びは、僕の中で少しずつ不登校の子どもたちの学校復帰プログラムとしての形になっていった。

どんぐり亭の森や畑に子どもや親たちの心を開いてもらい、植物たちに力を貸してもらって、あるべき場所への復帰を目指す。

森の中のどんぐり亭にやって来る子どもたちは、ほとんどの場合、花や樹が好きで、動物が好きだった。畑作りにも関心を持った。それを使った復帰プログラムがいくつも生まれてきた。そしてその芯には、山本先生からの学びがあった。

どんぐり亭の森には、絶滅危惧種の植物がいくつか自生していた。その一つがサクラソウだった。春先に桜に似たピンクの花を咲かせる。可憐でとても美しい花だ。群落をつくるので、一面ピンクのじゅうたんとなる。それを、ぼんやり眺めていると、とても幸せな気持ちになる。

しかし、それでも昔からみるとここのサクラソウもどんどん数を減らしていた。環境の変化と盗掘が原因らしい。この素晴らしい萩生の森もどんどん切り開かれていた。どんぐり亭の土地を紹介してくれた村役場の課長さん、河野幸平さんはサクラソウが大好きだった。だから、その衰退ぶりにはとても心を痛めていた。顔を合わすたびに、「先生、また、ここを一面のサクラソウの森にすべいじゃねい」と言っていた。僕もそれには大賛成だったので、サクラソウの研究も始めた。

面白いことが次々に分かってきた。サクラソウ研究の第一人者の鷲谷いづみ先生によれば、サクラソウが種子をつけるためには、短花柱花（めしべの短いタイプのサクラソウ）と長花柱花（めしべの長いタイプのサクラソウ）の二タイプが必要で、その二つの花粉が渡し合わないと種子ができない。その花粉をやりとりするのは、マルハナバチの女王バチなので、マルハナバチが森にいなくてはならない。マルハナバチは、山のネズミの古巣に巣を作るので、山にネズミが住んでいてくれなくては困る。山のネズミはどんぐりを食料としているので、そのためにはどんぐりがたくさんできる森でなくてはならない。つまりサクラソウを増やしたかったら、どんぐりの森を育てることから始めなくてはならない。命はこうしてつながり、風が吹けば桶屋が儲かる式の複雑な生態系をつくっているのだ。山本先生から教わったことと同じだった。

僕は「サクラソウプロジェクト」と名付け、どんぐり亭に来る子ども達の中で、希望する子に二タイプのサクラソウの株を渡し、家の庭で育ててもらい、種子が出来たら、その半分をどんぐり亭の森に蒔いてもらう活動を始めた。森を定期的に枝払いし、太陽の光を森に注ぎ込むことと、種まきによって、サクラソウは少しずつ回復を始めた。それを聞き、河野さんは、とても喜んでくれた。

ある不登校の女子中学生は、サクラソウプロジェクトにとても関心を持ってくれ、家に帰っても、サクラソウを大切に育て、研究を続けていた。中学にはなかなか行けなかったが、すっかり自然に心が開いた彼女は、県内でも自然保護活動で有名な高校を受験し、見事に合格、生き生きと高校に通い始めた。そこで学ぶ本物の自然の不思議さに感動しては、僕にメールを送ってきてくれた。僕も彼女のメールを読むたび、心がときめいた。彼女の心が本来の輝きを取り戻したことが分かったからだ。あれだけ、中学校生活に絶望していて、心の闇を抱えていたあの子がこんなふうに輝き始めてくれたことが本当にうれしかった。人はどんな時にでも光を求めて進もうとするものなんだなあ、と実感できた。彼女は今、かつての不登校が嘘のように、元気に大学に進学し、自分の人生を楽しんでいる。

また、亭前の広大な無農薬畑の一部をハーブ園にした。バジルやタイムなどどんぐり亭の石窯料理に使う外国の植物も植えたが、それと同時に日本古来の香草、シソやハッカなども植えた。

不登校の子ども達というのは、一般に「今」を生きていない。今を大切にせずに、過去に受けた傷を繰り返し部屋の中で思い出しながら、その辛い思い出をどんどん広げていくか、未来に起こることへの不安をいっぱいにふくらませていく。彼らに今はない。

そうした子ども達を「今」に引き戻す良い方法はないのだろうか。ある脳科学者の本を読んでいて、これだ、と思った。嗅覚は過去や未来にうつうつとしている心を今に引き戻すために大変効果的だということが書いてあった。そこで、ハーブを使って彼らの今を取り戻すことにしたのだ。

ある小学四年生の女の子は、父親の転勤に伴い山奥の学校から、街の学校へと転校してきた。クラス全体が家族のような山奥の学校と、ドライな街の学校の雰囲気はあまりに違いすぎた。そして、彼女は不登校になっていく。その担任から相談を受け、さっそくカウンセリングをした。

やはり、前の学校が恋しくて、ずっとそのことばかり考えていた。過去にとらわれ、今がなくなっていた。だから、どんぐり亭のハッカの株を掘り出して鉢植えにした。そして、彼女の前に置いた。

「この葉っぱを一つもらって、指でこすって、においを嗅いでごらん。」

「………」

「いい匂いでしょ。どんな気持ちになった？」

「すっとした。」

「でしょ。これは、僕の山小屋で育ったハッカというものだよ。僕の山小屋は、君がいた山の学校みたいな場所にあるんだ。朝、学校に行きたくないなあ、と思ったら、この葉っぱを一枚もらって、ありがとう、といって、匂いを嗅いでごらん。辛い気持ちが消えるよ。山の学校のあなたの友達は今も、その匂いと一緒にあなたの心の中に生きているよ。いつもあなたを支えているよ。辛くなったら、ハッカから力をもらいなさい。」

「……うん。」

彼女は、それを実行した。翌日から学校に行けるようになり、それ以来、一日も休まず登校している。

僕は「ハーブプロジェクト」と名付けたが、これは匂いのセラピーなのだろう。嗅覚に働きかけるのはかなり効果がある。それも、ただ、利用するだけでなく、同じ命として「ありがとう」の心をハッカに伝えながらもらうことが大切なのだ。信じてもらえない人もいるかも知れないが、それがあるか、ないかで結果が大きく異なってくる。

「森プロジェクト」では、森に力をもらう。萩生の森は本当に美しい落葉広葉樹の森だ。イロハカエデ、ケヤキ、コナラ、ミズナラ、クヌギ……。森にはノウサギやリス、キツネ、タヌキ、イノシシなどの動物も住んでいる。イノシシの足跡にドキドキしながら、森を歩く。松ぼっくりをエビフライのようにかじったリスの食痕に笑い、ノウサギが藪を駆け抜けていく姿に感動する。ミヤマクワガタが鈴なりになるカブトの木を見たら、男の子ならたまらない。

森にはヘソの樹と呼んでいるケヤキの大木がある。音楽家の神津善行さんの本に書いてあったが、森の木々はみんな交信し合って生きている。その交信のリズムにうまく乗っている樹は、一緒に育っていくが、そのリズムからはずれた樹はやがて枯れていく。森にはそのリズムを作り出す中心の樹というものがある、という。何だか不思議な話だが、樹のお医者さんの修行中に、さまざまな不思議な出来事を見聞きしてきた僕は、それが素直に受け入れられた。

どんぐり亭の森の中心になっている樹が、そのケヤキである。だから、ヘソの樹と僕らは呼んでいる。そのケヤキの大木は、昔、臼を作るために切られたらしいのだが、その下の幹から萌芽し、とても太い幹が胸の高さで、数本の幹に分かれている。その分かれた幹とてかなりの太さがある。見上げるとまるで、ヤマタノオロチ（会ったことはないけど……）のように見える。その樹に子ども達は、ぎゅっと抱きつく。

ある小学生の不登校の女の子は、先天的な重い病を持っていた。対処を間違うと命がなくなってしまうような病気だった。そのことが不登校の直接の原因がどうかは分からなかったけれど、そのことに傷つき、苛立っていた。母親はとてもがんばりやで明るく、暖かい素敵な女性だったけれど、どんぐり亭に来たときには、そんな我が子に産んでしまった自分を責める心でいっぱいだった。彼女に責任はまったくないのに。

へその樹

その子がヘソの樹に抱きついた。

「いいかい。ハワイには植物とお友達になれる魔法の言葉があるんだよ。『アイスブルー』と言って、自分が今までに見た一番きれいな青を思い浮かべて、抱きついてごらん。不思議なことが起こるよ。」

そんなことを話しながら、ヘソの樹に抱きついてもらった。

「あ、心がなんか、スッとした。」

何も教えていないのに、その子たちはそんな感想を口にした。当たっていた。アイスブルーは植物から癒しをもらえる言葉だった。

しばらくたって、母親から手紙が来た。「とても元気になって、学校へ行けるようになりました。運動会も出られ、笑顔一杯で競技に参加していて、うれしくてうれしくてたまりませんでした。もう大丈夫だと思うので、魔法の言葉はしばらく封印します。先生たちには、自分たち親子が一番苦しいときに救って頂きました。本当にありがとうございました」という内容の手紙だった。賢いお母さんである。現実と不思議をちゃんと区別できている。彼女たちを救ったのは、多分この森とヘソの樹だったと思う。

「農業プロジェクト」もある。どんぐり亭前には一ヘクタールを越える無農薬畑が広がる。地主の大塚さん一家が毎日、毎日、心を込めて育てている。僕もその一部を借りて、野菜を作っている。いくらでも使いな、と秋則さんは言ってくれるが、亭前の一部だけでも世話がしきれない。トウモロコシ、レタス、モロッコインゲン、キャベツ、二十日大根、キュウリ、ナス、トマト……さまざまな野菜を試してみている。子ども達がいれば、彼らと一緒に作業をする。作業を手伝った野菜ができたときは、必ず連絡して、取りに来てもらう。千葉など遠くからきていた家族には、宅急便で送ってやった。

トウモロコシを初めて、生で食べたと感激して、手紙をくれた。そして、課題を持っていた中学生の男の子が元気になったとも書いてあった。

大塚さんは広大な土地に野菜をつくっているのだから、機械を使うのは当たり前なのだが、どうもできるだけ手作業でやろうとしているらしく、ときどき、息子の拓也くんが機械を使わずに卵の殻を砕いたものを播いていた。僕は見ていて気が遠くなった。あれだけ広い土地でもできるだけ手作業でやろうとしているのに、僕が一反にも満たない畑を機械でマルチを張ったりできないよなあ、と思って、鍬を振るい、さくを作り、マルチを張った。本当はマルチも使わないでやろうかと思ったが、草がものすごい勢いで伸び、とても駄目だった。じゃ、ゆっくり土中の微生物がマルチを分解していき、ゴミのでない、地面に消えてなくなるエコマルチを使おうとしたら、土地が元気すぎて、あっという間に微生物がマルチを分解してしまい、役に立たなかった。しかたないので、ビニールのマルチにした。ひもを張り、僕にしては、大変几帳面に、一日がかりで、マルチを張った。うーん。俺もなかなかやるなあ、と感心していたら、大工の加部さんがやって来た。

「お、先生。マルチ張ったのか。うわ、へたくそだなあ。」

僕はむっとして、

「上出来だと思うんですけど……」

「だめ、だめ、こんなんじゃ。」

「大丈夫ですよ。少しぐらい、曲がったって、ちゃんと実ります。」

「これじゃあ、播かれる種がかわいそうだ。」

「だって、秋則さんは、これでいいって。」

「秋ちゃんが許したって、俺が許さねえ。」

「十分だと思うけどなあ。」

「そういうもんじゃないんだ。心だよ。心。俺が教えてやるから、張り直しな。」

僕は、掃除がちゃんとできていなくて叱った子どもが、ふてくされながら、やり直す気持ちが実によく分かった。

結局、暗くなってやりきれないので、加部さんは「明日、見に来るから、やっといて」と言い残し、帰っていった。僕はムカムカしながら、それでも加部さんが唸るほどの出来にしてやる！と意地になって、夜遅くまでかかってマルチを張った。

翌日、加部さんは、ちゃんとチェックに来た。

「おう。上等。上等。やりゃあ、できるんじゃない。先生。」

一瞬、笑顔になったが、加部さんの顔を見たら、真っ赤だった。

（うっ。飲んでる。道理で、歩いてきたわけだ。）

近所で寄り合いがあったらしい。しきりに褒めてくれたが、加部さんが褒めてくれているのか、酒が褒めてくれているのか、分からなくて複雑な気持ちだった。

しかし、あの時はむっとしたが、そのときの野菜の出来はとてもよかった。

不思議なのだが、土も同じ、苗も同じはずなのに、秋則さんの畑の野菜は、どんぐり亭の野菜とは比べものにならないくらい、美しくできている。そして、確かにうちより美味しい。

とりたての無農薬野菜だから、うちの野菜も本当に美味しい。朝食の準備をしてから、目の前に広がる野菜畑で、取ってくる。みずみずしい野菜が一瞬で手に入る。うまいに決まっている。でも、秋則さんの畑の野菜はさらに格段に美味しい。

いつだったか、秋則さんに聞いたことがある。

「土地も同じ、苗も同じ、なのに何でこんなに違うんだろう」

すると、秋則さんは、困ったような笑顔を浮かべ、

「……愛情かな。」

と言った。

これだけの違いを見せつけられると、それも信じないわけにはいかなかった。それを信じてもらうついでに、戯言と思って聞いてもらっていいけど、仲の良い家族が播いたトウモロコシと、うまくいっていない家族が播いたトウモロコシの育ちが、何だか、違うような気がする。今までの様子を見ていると……。

僕らの周りを取り囲む目に見えない力をあなどってはいけない気がする。見ていないからといっ

て、ごまかしをする店と、見えない所まで誠実にやり抜く店では、同じ素材で、同じレシピでつくった料理でも、味に違いが出るのではないだろうか。店だけではなく、それは、生活のすべてに言えることではないだろうか。

どんぐり亭ができたての頃。泊まっていると、早朝、玄関で、「ドカドカドカ……」とものすごい音がする。一体何が起こったのだろうと、あわてて玄関の扉を開こうとすると、開かない。「うーん。よっこいしょ」と力を入れてやっと開けると、そこには、山ほどの、比喩ではなく本当に山になった野菜が積んである。半端な量ではない。市場に売りに行けるほどある。秋則さんだ。不登校の子ども達に食べさせてやってくれ、という意味だ。

それは、十年間続いている。いつの間にか僕らは、これを「ごんぎつね」と呼ぶようになった。今では、どんぐり亭の名物になっている。

「ごんぎつね」のくれた野菜

「あ、ごんぎつねだ。」

すぐに、ケイタイに電話をする。

「秋則さん、野菜、ありがとう。」

「いやあ、少しだけど、食べてくれ。今日も、不登校の子来るんだろう。無農薬のうまい野菜をたっぷり食えば、元気が出て、学校行けるようになるんじゃねえかなあ。」

ある引きこもりの女の子は、秋則さんの山ほどのプレゼントを抱えて帰っていった。やがて、「先生、こんなおいしい野菜を食べたのは、初めてでした。何だか、外に出る勇気が出ました。」とメールが来て、その後、本当に外に出られるようになった。それがすべてではないだろうけど、間違いなく秋則さんの愛情たっぷり野菜がその成功の一部を担っている。心のこもった「食」は大切だ。

「農業プロジェクト」は、いろいろなことを教えてくれている。


そんな復帰プログラムは、この十年で少しずつ増えてきた。それらは、今では、どんぐり亭流のカウンセリングと結びつけることで、確実に成果が上がっている。カウンセリングしながら、それらの復帰プログラムのどれとどれを組み合わせていけば、効果が最大限にあがるのか、それを見つけながら行っていくことが大切だが、いずれにしても、復帰プログラムは、子ども達や森の木々や草花たちが、自分たちの体を使って教えてくれたどんぐり亭の貴重な財産である。

七　自然とともに

森と無農薬農法の畑に囲まれたどんぐり亭では、うれしい驚きが毎日のように起こる。それを抜きにして、どんぐり亭の雰囲気を伝えることはできないので、自然の中で起こったエピソードをちょっとだけ語っておこう。

『カブトムシ救出大作戦』

どんぐり亭ができた翌年の冬のことだった。秋則さんがやってきた。

「加藤さん。カブトムシいらねえかい。」

「え。カブトムシ。こんな真冬に。」

「幼虫だけどさ、毎年、落ち葉掻きする堆肥置き場にカブトの幼虫がたくさんいるんだけど、これから、かき混ぜて、土に梳いちゃうから、かわいそうだと思ってさ。」

いつも忙しくよく働く人だけど、いつも生き物すべてに優しくできる余裕を持っている。夫婦で草刈りをしている時だって、キジが卵を抱いていたから、母キジを驚かさないように、といって草刈りを止めてしまう。これからの作業に支障を来すことは百も承知で……。僕は秋則さん夫婦のそんな所が大好きだ。

「わかりました。救出しましょう。」

そういって、とりあえず、堆肥置き場に様子を見に行った。そこは、どんぐり亭の裏の森に隣接する秋則さんの私有地で、落ち葉を集めて堆肥を作るためにある森だ。リスが住んでいたり、キンラン、ギンランといった蘭の仲間が自生していたり、楽しい森である。そこに落ち葉がロール状に山になっているのだが、そこにカブトムシが卵を産んで、たくさんの幼虫がいるらしい。

現場に着いて、腐葉土を掘ってみる。ごろっといきなり幼虫が飛び出した。で、でかい！栄養たっぷりに育った森のカブトムシの幼虫一匹で手のひら一杯あった。それが、出てくるわ、出てくるわ……。巨大な落ち葉のロールをひっくり返すたびに、ごろごろと幼虫が飛び出してきた。たちまち、スーパーの袋がずしりと重くなり、下になった幼虫がつぶれないか心配になった。

三〇〇四はいた。ちょっと想像して欲しい。手のひら一杯の大きさの幼虫がスーパーの袋五つに三〇〇四、入っている様子を……。苦手な人なら、腰を抜かしたと思う。僕は子どもの頃からカブトムシが大好きだった。この腐葉土の山は、僕にとっては宝の山だった。

「すげえー。秋則さん、こりゃすごいよ。」

興奮する僕を見て、秋則さんもうれしそうだった。嫁さんはちょっとびびっていた。

捕ったはいいが、この後、どうしよう。入れ物がいる。すぐにホームセンターまで車を飛ばし、半透明なプラスチックでできた衣装ケースを買ってきた。そこに腐葉土をつめ、幼虫を入れた。大きなケースに三箱になった。それを車に積んで街の家まで連れて行くことにしたのだが、二箱積んで、一箱積みきれなくて仕方なくそれは地下室に入れた。

普段は街の家で生活し、金曜日か土曜日にどんぐり亭に上ってきて、週末を過ごすのが、パターンとなっていたので、翌週、また、カブトムシの幼虫を積んだケースを山に運んできた。そして、どんぐり亭の脇にカブトムシの養殖場を作り、そこに離した。そして、地下室にあるケースのカブトムシも入れてやろうと、地下室から、運び出した。

「あ。凍ってる！」

地下室が寒すぎて、カブトムシの幼虫が凍ってしまっていた。十分な腐葉土をいれたのだが、冷気が横から襲って、ケースの壁際にいたカブトムシが腐葉土と一緒に凍っていた。いや、カブトムシの幼虫の体液が本当に凍るものかどうか知らないが、確かにゴム風船にいれたシャーベットのような感じだった。横から冷気が襲うことは、予測できなかった。

（しまった。殺しちゃった。ごめん。）

それでも、ケースの中央の幼虫はポニョポニョと柔らかく、生きていたので、とりあえずケースごと車に積んで街の家まで運んだ。

（五〇匹のカブトムシを死なせてしまった。）

僕の気持ちは沈んでいた。あちらこちらに寄って、用事を済ませながら、街の家まで帰ってきた。車の後ろから、ケースを抱きかかえるようにして降ろす。

（生きているのと、凍っちゃったのと、分けなくちゃ。）

気の重い作業になるはずだった。ふとケースを見る。なんか、感じが違う。

「え。生き返った！」

凍ったはずのカブトムシがもぞもぞ動いていた。

「えー。何だあ、これ。すごい。生き返っている！」

大騒ぎになった。人工冬眠というのがあるが、もしかしたら、カブトムシたちはそんな感じだったのかもしれない。

翌週、その人工冬眠カブトたちも、養殖場に入れた。

幼虫を欲しいと言う子たちに、どんどん配った。子ども達は巨大な幼虫に目を丸くしていた。その驚き方がとても楽しかった。蛹のカブトムシは蛹室を壊すともう新しく蛹室を作ることが出来ず死んでしまうので、蛹のカブトムシをやるのは難しかった。どうしたら、安全に運べるんだろう。しばらくは車を運転していても、職員会議中でも（ごめんなさい）、そのことばかり考えていた。

そして、ホームセンターに行って食器のコーナーを通り過ぎたとき、（これだ！）と閃いた。プラスチックの醤油さしの入れ物である。それが、カブトムシの蛹室にピッタリだった。蛹をそこにいれ、周りに腐葉土を詰め、渡した。夏にはちゃんと成虫になった。

滋賀県に住む大学時代の友人が、

「子どもが欲しがるんで、加藤、すまんが、送ったってくれ。」

と連絡してきたので、醤油さしで送った。宅急便会社の係のお姉さんが、大喜びしながらそのケースを見ていた。「生ものにしておきますか」「いや、クールになるのは困ります。一度凍っていますから」などと訳の分からない会話をした。しかし、それも無事友人のもとへ届き、ちゃんと羽化して、子どもが大喜びだった、とお礼の電話があった。

それでも養殖場には、まだたくさんのカブトムシが残っていて、その年の夏、ものすごい数のカブトムシが羽化して、ブンブンと飛び回った。どんぐり亭はカブトムシ屋敷になった。その中には、角が歪んだ成虫もいたが、（もしかしたら、凍ったカブトムシなのかもしれないな）と思い、密かに、（ごめんね）と謝った。

『地代をはらわなくちゃね』

今年もたくさんのトウモロコシがなった。どんぐり亭のトウモロコシは信じられないほど甘い。

味来という種類だが、無農薬だし、すごく甘いので、生でも食べることができる。初めて食べた時、そのうまさに感激して「うおーっ！」と叫んだ。

そんなトウモロコシを毎年三百本ほど植える。一つの穴に三粒ほど埋めて、発芽して本葉が出たら間引くのだが、何だか僕はこの間引く作業がすごく苦手だ。やっと発芽した命をこちらが選んで取り去るのが苦痛なのだ。心が痛む。そんなこと言ったら、きっとプロの農家は笑い出すだろう。でも、やっぱり苦手だ。

笑われるのを覚悟で、秋則さんの奥さんのトミエさんにそんなことを言ったら、

「あのね。上手に根っこを残して間引いたら、別の穴に植えると、ちゃんと育つんだよ。」

と教えてくれた。

優しい人だ。秋則さんとトミエさんは、いつも僕の気持ちをわかってくれている。トミエさんの言うとおりにやってみたら、しっかり根付いた。

山に来るたびに、すくすく育っていくトウモロコシを見るのは、本当に楽しい。森の木々の影になり、日照時間の少ない場所と影にならず日差しを一杯に浴びられる場所では、成長が明らかに異なる。そして、日照時間が同じなら、前述したように、播いた人の気持ちによって、成長が違うように思える。

やがてトウモロコシの鞘ができ、雄花が花粉を散らし、それをひげで引っかけ受粉する。おもし

ろい仕組みだ。風でゆらゆらゆれて花粉をばらまく雄花の動きがコミカルだ。

　そして、念願のトウモロコシができる。

　待ちに待ったトウモロコシ。しかし、待ちに待っているのは、僕たちだけではなかった。困った侵入者がいた。明日収穫しよう、とわくわくしながら寝た翌日。早朝の収穫に胸弾ませ、外に出た僕は唖然とした。

なんと一晩でトウモロコシ五十本が消えていた。畑には、たくさんのチョキの足跡。イノシシだった。

　トウモロコシを押し倒し、甘いトウモロコシにかぶりついたようだった。うまかっただろうなあ。

　最近、特にイノシシは増えた。森を歩くと、泥浴びした場所を見かけるし、地面を鼻で掘り起こした跡もたびたび見かける。実は、隣村では、イノシシよけの電柵（電気の通った柵を畑に巡らし、イノシシが触れるとビリッと感電するようになっている仕掛け）を取り付けるのに、

トウモロコシ畑

全額の補助金が出るのに比べ、ここの村では、三分の一しか補助されず、電柵を取り付ける家が少なかった。そこで、イノシシはみんなで相談し、こちらの村に引っ越してきたのだ。

それから、たびたびイノシシの被害にあったが、「明日、トウモロコシ取ろうね」と話すと、必ず、その晩にやられる。本当にその絶妙のタイミングには驚いた。まるで、森の中から僕らの話を聞いているようだった。まさかと思ったが、それからはトウモロコシを収穫する話は、何だか小声で話すようになっていた。

そして、さらに失礼な事実が判明した。

どんぐり亭のトウモロコシを襲う前に、いつも秋則さんのトウモロコシ畑を襲うのである。ちょうど食べ頃の秋則さんの畑のトウモロコシを食べてから、うちのトウモロコシを食べていた。しかも、秋則さんの畑は、森から離れている。つまり、イノシシたちは森からやってきて、うちのトウモロコシ畑を素通りして、秋則さんの畑へ直行していたのだ。そして、ちょうど食べ頃のトウモロコシが秋則さんの畑からなくなると、ま、これでがまんしとくか、という感じでどんぐり亭のトウモロコシを襲った。

そりゃ、確かに秋則さんの畑のトウモロコシの方がおいしい。それが、匂いか何かで分かるのだろうか。ただ食いのくせにそこまであからさまな態度を示さなくてもいいのに、とも思ったが、それを感じとる野生の本能には感動した。

考えてみれば、先にこの土地に住んでいたのは、彼らである。彼らにしてみれば、昔から住んでいた山に人間がやってきて、土地を奪われ、山奥に追われた、と思っているだろう。人間こそが侵入者だ。

ある日の早朝のこと。

いつものように、森への野鳥観察に出かけた。コゲラ、アカゲラ、シジュウカラ、ヤマガラ、イカル……。たくさんの野鳥に出会い、朝の野鳥のコーラスを楽しんでいた。いつもの坂道を、春にサクラソウが群落をつくるビニールハウス脇の森に向かって下っていたとき、

「ヒリヒリヒリ……」

と珍しい鳴き声がした。

「あっ。サンショウクイだ。」

サンショウクイは、モズに似た鳥でヒリヒリヒリと鳴く。山椒を食べて、辛くて、ヒリヒリ鳴いているんだ、とサンショウクイと名付けられた。この辺りでは初めてだった。その声の主が僕の頭の上を通過した。

僕は、思わず追いかけて、森の中へ入っていった。走る。走る。そして、ハルニレの木の脇を通り過ぎたとき、

「うわっ。」

いきなり、僕は何かに足を取られて激しく転んだ。

「痛ってえ。何だあ。」

しげしげと足下を見ると、僕の左足首にワイヤが巻き付いていた。

（何でこんなものが……。あ、これ、イノシシを捕るワナだ。）

やっとその正体に気づいて、ワイヤーを外した。

（イノシシ捕るワナに人間がかかっちゃったよ。まったくもう。でも、一体何故ここにこんなものがあるんだろう。）

そんなことを考えながら、どんぐり亭に戻ってきて、ドアを開けた瞬間、ケイタイが鳴った。

「あ、大塚だけど。加藤さんに一言言っておこうと思ってさ。」

「ああ、秋則さん。おはようございます。」

「あのな、イノシシの被害がひどいんで、猟友会の人が森にワナかけたから、注意してくれ。子どもがワナにかかったら、危ないと思ったんでさ。」

（もっと早くいってくれえ。遅いよ。秋則さん。）

「あの、もうかかりました。」

「え？」

「僕、今、森でワナにかかってきました。」

「へーえ、もうかかったんかい。加藤さんがかかったんかい。……け、怪我なかったかい。」

電話の向こうで秋則さんは、明らかに笑いをこらえていた。

その後、トミエさんにその話をしたら、涙をこぼして笑って、

「怪我なくて、よかったねえ。」

と言った。

その年、猟友会のワイヤー作戦は失敗に終わった。結局一頭もイノシシは捕れず、ばかな人間が一人ワナにかかっただけだった。

でも、僕はその報告を聞いて安心した。

先に住んでいたのは彼らだからね。トウモロコシを食われるのは嫌だけど、それが理由で、彼らが捕られるのはもっと嫌だ。プロの農家ではない僕には、そんな甘さがある。彼らの土地に住まわせてもらっているのだから、せめて借地代は払わなくちゃ。

(どんぐり亭のトウモロコシで済むのなら、食べてもいいよ。だから、他のトウモロコシは食うなよ。捕まるぞ。でも、子ども達と僕らの分、少し残しておいてね。)

僕は森に向かって、そう言った。

7　自然とともに

『一夜の奇跡』

九月の下旬のこと。秋則さんから電話かかってきた。

「加藤さん、ちょっと家に来られるかい。ホタルが大発生しているんだ。」

その言葉に耳を疑った。

「えー。そんなわけないよ。だって、今九月の終わりだよ。いる訳ないよ。」

「それが、いるんだよ。とにかく来てみ。」

絶対何かの間違いだと思いながら二人で、秋則さんの家に急いだ。いる訳がない。

車で、秋則さんの家に着く。

「うわっ。何だこれ。一体どうしたの？」

その時の光景を僕は今もはっきり思い浮かべられる。

それは、一夜の奇跡だった。

秋則さんの家に着くと、一面、ホタルの優しい光で包まれていた。庭や道ばたの樹や草の間、畑の中……そこここで、青白い光が闇夜に浮き上がり、ゆっくりゆっくり動いていた。何百、何千というホタルの光。僕は目を疑った。この時期にホタルは絶対いない。それに、ホタルにしては、一つの光が小さい。

一つの光に近づいて懐中電灯を照らしてみた。そこには、あのいつもの黒と赤のホタルの姿はなく、おしりを光らせている細長いイモムシがいた。

「あ、そうか。陸生ボタルの幼虫だ。」

やっと合点がいった。

南北に細長い日本では、さまざまな種類のホタルが四十四種類ほど生息している。もちろん有名なのは、ゲンジボタルとヘイケボタルだ。一般の会話の中で「ホタル」と言えば、みんなの暗黙の了解で彼らを指していることに間違いない。しかし、実際はゲンジボタルやヘイケボタルのように川に住む水生のホタルより、クロマドボタルやオオマドボタルのように陸に住むホタルのほうがはるかに多い。成虫は光らず、幼虫が光るものもいる。

陸生のホタルの幼虫は、陸に住むカタツムリを食料としている。最近、畑でウスカワマイマイというカタツムリがたくさん発生していたことと、この陸生ボタルの大発生は関係があるのかもしれないが、本当のところはよく分からない。陸生のホタルがこんなにたくさん同時に活動することがあるのかも、僕にはよく分からない。

でも、とにもかくにも、美しいものだ。

まるで、地面に星座が降りたようだった。

あまりの不思議な光景に、僕らはいつまでも見入っていた。

あれから、九月になると、心のどこかで、秋則さんから電話が来ることを期待している。でも、あれ以来、陸生ボタルの大発生は一度もない。あの一晩だけだ。あの日、一体何が起きていたのだろう、と僕は時々思い出す。「神様からのギフトが行われた奇跡の一晩」そんな感じがぴったりの夜だった。

そんな自然と暮らしているための素敵なエピソードは数限りなくある。田圃の整備で、姿を消してしまったヘイケボタルたちも二年前からまた見かけられるようになった。特に今年は大発生してくれて、僕らを楽しませてくれた。

フクロウのつがいは、森で「ホッホーゴロスケホッホー」と鳴き、キツネは月夜の晩に畑でダンスを踊っている。

夜、近くの温泉から帰ってくると、野ウサギが道案内してくれ、タヌキの親子が大急ぎで道を渡っていく。

秋則さんがカブトの木と呼んでいるハルニレの木には大きなミヤマクワガタがいて、子ども達は喚声をあげている。

そういう時間は、僕らが普段の生活で慌ただしく過ごしている時計の時間とは別の、大きな宇宙の時間がはたらいていることを確かに感じさせてくれる。

それは、子ども達が本当の人らしく育っていくためには、すごく大切な要素のような気がする。

うまく説明できないけれど、そうしたものを感じることで人は自分のちっぽけさを知り、自分のかけがえのなさを知る。謙虚に誠実に生きられるような気がしてならない。僕がアフリカで感じた感覚は、あらゆる自然の中に内包されている。

しばらくどんぐり亭で暮らしていると、街から来たばかりの人がまとっている空気が、今自分を取り巻いている空気と明らかに違うと感じる。

そこがどんぐり亭の秘密の一つなのかもしれない。それが、子ども達に力を与えているのかもしれないな、とも思う。

八　いまどきの教育事情

そんなどんぐり亭の活動と反比例するように、学校現場では辛いことがたくさん起こっている。この二〇年間で子どもたちも親も学校も地域もぞっとするほど変わってしまった。教育を取り巻く環境は本当に神経質になった。

学校によってもいろいろだが、家庭科室や図工室など特別教室には、いつも鍵がかかっている。友達のいる隣りのクラスに勝手に入ることも許されない。子どもたちがそこで悪いことをしないようにするためだ。

玄関には不審者を見張る防犯カメラが設置され、その様子は職員室のモニターに映し出されている。子どもの中には、そのカメラに映るのが嫌で、わざわざ遠回りする子もいる。

毎日の下校時間は、事前に保護者や地域に連絡され変更することはできない。放課後、勉強が分からない子を教えてやろうなどと子どもを残すことはできない。そして、その代わりというように、放課後には息もつけないほどの会議、会議、会議……。昔は放課後同僚の先生たちとよく体育館でバレーボールやバトミントンをした。その中で、笑いに紛れて、先輩の先生にクラスの難しい子どものことを相談した。それは会議では決して出てこない先輩の先生の本音の言葉だった。

図工でカッターを持ってこさせるときは、朝、すべて担任が預かり、図工の時間だけ、子ども達に渡す。それでも事故が起こる。昔、ナイフの使い方を教えるためにクラスみんなで、リンゴの皮むき大会をやって盛り上がったのが夢のようだ。

跳び箱を普通に跳ばせただけで、指が折れる子がいる。見えないほどの怪我で保健室に飛んでいく子ども……。体育の授業では、細心の注意が要求される。プールの飛び込みはもちろん禁止だ。海水浴をするための野外学校では、子どもが海水浴場にある岩で足を切らないように、足袋を履かせ、急いで海に入ると転んで危ないので、手をつないでゆっくり海に入らせる。校庭の木に登ろうものなら、すかさず全校放送が入り、止めさせる。

子どもの冒険心なんてものは今の教育には邪魔なのだ。

全国でいろんな事件が起こっていて、安全が優先されることは、それはそれで仕方のないことなのであろう。僕自身もそういった教育に加担している一人である。でも、そういった大人の一つ一つの動きは、子ども達には、無意識のレベルで、「あなたのことを信じていないよ」というメッセージとして伝わっていく。「これは、みんなを守るためなんだよ。悪いことをしなくなるようにするためなんだよ」と説明しながら、特別教室に鍵をかける。いくらそんな理屈を振り回してもだめだ。

子ども達は面倒を恐れる大人の心を無意識で読み取る。それが、子どもを苛立たせ、不安にさせ、それがさらに大人にフィードバックする。大人はさらにその問題行動を止めようと禁止の方向で力をふるう。そうやって、神経質のハウリングが起こっていく。

失敗から学び、諦めず、信じ抜くことが教育の本質なのに、その正反対のことが起こっている。だから、教育の効果も正反対になっているように思えてならない。

現場の教員たちは、それこそ死にものぐるいで働いている。授業を一生懸命し、休み時間は委員会の仕事や交通当番。問題を起こした子への生徒指導。六時間目が終わり、大切な子どもたちを帰したら、放課後遅くまで会議をして、その後、気になる子どもへの家庭訪問や電話をかけ、場合によっては保護者に学校へ来てもらい相談する。その合間に給食費の未払いの家庭に支払いのお願いをし、テストの丸つけをする。業者になくなりかけた画用紙を注文し、学級通信や学年通信を書く。報告書やアンケートを片付け、社会科見学のしおりを作り、翌日の宿題のプリントを作る。さらに電話が鳴り、学校の子がうちの庭に入るので、止めさせてくれ、と苦情の電話が近所からかかり、対応する。瞬く間に夜になり、多量の仕事を持ち帰り、家路につく。家につくと電話が鳴り、親からの相談を聞く。僕の場合は、さらにその後、全国の不登校関係の子どもや親からの相談のメールやケイタイがたくさん来る。僕が寝る時間は二時ごろ、起きる時間は五時ごろである。

そんな忙しい毎日でも教員たちはみんな、子ども達が大好きで、子ども達を未来の希望と信じて、この仕事をやっている。それなのに何故よい方向に変わっていかないのだろう。日本の教育はどんどんおかしな方向に進んでいる。それを現場の教員たちははっきり感じている。ことあるごとにそんな話は職員室や出張先の駐車場で聞かれる。しかし、いくらやっても変わらない。だから教員たちから希望が消えていく。

学校だけでなく、子ども達の家庭はさらに大変なことになっている。守秘義務があるので言えないけれど。

そうした中で「不登校」や「発達障害」のその後の環境による二次障害が増えていくのは、当然のことかもしれない。今の子ども達を見ていると、いつもお腹一杯のように見える。お腹一杯なのに、大人が手の込んだフランス料理を用意して、さあ、美味しいから食べてごらん。一口でいいから さ。と言っている気がする。そして、一口すると、えらいねえ。ちゃんと食べられたねえと褒めて、また一口食べさせるような……。腹が減っていれば、塩にぎりでも、がつがつとむさぼるはずなのに、日本の子どもたちには、もうそれがない。お腹一杯で、生きる喜びや悲しみを実感して生きられないでいるように見える。

どんぐり亭に来る子で、リストカットを繰り返してきた子がいた。本気で死のうとしているのかといえば、そうではなく、手首を切り、血が出ると「ああ、生きているんだなあ」と思うというのだ。手首を切ることで生きていることを実感しているようなのだ。やはりそれは異常な状態である。そんなことをしなければ、自分が生きていると感じられないのでは、さぞや辛いであろう。それでもせずにいられないのは、人はどんな時にも光を求めているからに他ならない。闇の中の一点の光を求めているのだ。

街の家に帰って、パソコンを開くと、不登校の子どもや親、心が病んで助けを求めている大学生たちからのメールが届いている。「もう生きていたくない。」「生まれてこなければ良かった。」「この家に自分の居場所はありません。親は何も分かってくれない。もうこの世の中にいたくない。」「このメールを送ったら、その後で死にます。今まで、ありがとう」（幸い死にはしなかったけれど……）などと書いてある。

夜遅くにケイタイが鳴る。

「先生、今、ビルの屋上にいるんだ。これから、飛び降りようと思っている。今まで、たくさん、話を聞いてくれてありがとう。」

「もう、いやだ。何をやってもうまくいかない。死にたい。」

そんな電話に飛び出していく。

生きながら、死んでいる。死という言葉を出すことで、それに近づくことで、生きている証を手に入れようともがいている。

僕らの世代には生きている実感なんて、放っておいても当たり前のようにあったものだから、そんな時代がくるなんて、本当に驚いた。でもこれが今の日本である。

この子たちに、アフリカの地平線を見せてやりたい。北極のオーロラの下で、生きる喜びを話してやりたい。きっと自分が一人ぼっちではなく、どれだけたくさんの祝福を受けているかに気づいてくれるだろう。しかし、それは現実的には難しいことだろう。だったら、せめてあなたの回復を本気で信じ、思い続けている人間が最低一人はいるんだよ、ということを行動を通して、教えてやりたい。それを足がかりにして、この世の中を生き延びて欲しいと思う。

そりゃあ、辛いことも目白押しだけど、うれしいことだってたくさんある。毎日がごちそうだったら、それをごちそうだと思わなくなる。当たり前にそこにあるもの、感謝のいらないものだと思うようになる。毎日がディズニーランドだったら、きっとアトラクションに乗るのにも飽きてしまう。わくわくしなくなる。

辛いことは、うれしいことをよりうれしく味わうためにあると思うのだけれど。

そしてそのお陰で、日々の普通のことまで、どれだけ温かさのこもった有り難いものなのか、分かるようになるのだと思うけれど。

その子たちにそう話したら、「そう思うけど、この辛さがどうにもならないんだ」と答えた。

そうなんだろうと思う。言葉では分かっているんだ。彼らも。しかし、どうにもできないのだろう。「そんなに学校が嫌なのか」と聞かれたユキオが何も言えず泣くしかなかったように、体も心もどうにもならないのだろう。頭で育てられ、心と体の声を聞けずに成長した子ども達が今、日本の主流になろうとしている。

そんな世の中を作ってしまったのは今の大人、つまり僕たちだ。だから、自分に出来ることで、その責任を果たしていきたい。子ども達に生きている喜びや悲しみを実感できるような体験をたくさんしてもらって、それを体に刻み、本来あるべき自分の姿を取り戻してもらいたい。

どんぐり亭の活動はそのためのささやかな、本当にささやかな提案である。

九　復帰プログラムの流れ

どんぐり亭で生まれたさまざまな復帰プログラムの一部は既に紹介した。復帰プログラムは、大変有効だと思う。しかし、どんぐり亭には次々と新しい子ども達や親たちがやってくる。もちろんリピーターもいるが、毎週、同じ子に来てもらうことができない。緊急の場合を除いて、およそ、月に一回のペースとなる。どんぐり亭における月に一回ほどの復帰プログラムだけで簡単に不登校が治っていく子は決して多くない。それぞれの詳しい家庭環境を話すわけにはいかないのだが、これだけの闇を抱えた子が生きる喜びや悲しみを実感し、本来の自分の姿に復帰していくのはそんなに簡単なことではない。

どんぐり亭では、子どもに復帰プログラムを行い、親にカウンセリングをし、元気になって帰ってもらったら、その元気が継続するように、「心の処方箋」というものを出している（資料）。これには、僕がその子をどんぐり亭の復帰プログラムの中で観察したことの分析やこれから先、どのように子育てをしていったらよいかのアドバイスが書いてある。これを読んでもらって、今後の子育ての参考にしてもらえたらいいかと思って書いている。

資料（Aくんに関する心の処方箋）

先日は、お世話になりました。ゆっくり話ができなかった場合、このような、心の処方箋を出しているので、参考にしてください。

一　聞き取り・観察状況
①一緒に来た子と穏やかなコミュニケーションをとりながら遊べていた。
②多くの子供たちが転ぶ、安定の悪い山道で、一度も転ばなかった。
③いきなり、割り箸と輪ゴムはないかと聞いてきた。
④くんせい作りで、自分のやった仕事を強く意識していた。
⑤かたづけられない。忘れ物が多い。あきらめが早い。（聞き取りから）
⑥反抗期がずっと続いているような感じがある。（聞き取りから）
⑦しゃくとり虫を私の目を意識しながら、手で捕まえた。

二　分析
七つの観察項目のうち、特徴的な行動は、③です。これは、Bくんが、クワガタのメスを逃がしてしまったあとの行動です。私がどうして、それが欲しいの？　と聞くと、Bくんがかわいそうだから、ゴムと割り箸で網を作って、逃げたクワガタを捕まえるのだといいました。私は、ちょっと感動しました。びっくりするくらい、優しい子です。

こういうよさをお母さんが意識して伸ばしてやってください。私は、一〇〇〇人を超える子供たちを見てきましたが、こうした行動がとれる子は、そんなに多くはありません。

この優しさが、彼の最大の特徴です。もう少し大きくなると友だちに気を使いすぎて、疲れてしまう可能性もありますが、そのときは、またそのとき対応すればいいと思います。

①も優しさの現われです。小さい頃の優しさは、弱さと結びつきやすいので、その点は、注意してください。

②は、賢さ、慎重さのあらわれです。

④、⑦は、ほめられることへの憧れです。やはり、少し、ほめられることが少なく、それに意識が強く行っています。もっとほめてやってください。

⑤は、かたづけは、確かにやや不器用な感じを受けました。忘れ物やあきらめは、もしかすると、違うところに原因があるかもしれません。彼の出すメッセージと、受け取るお母さんの側にずれを感じました。

④からも自分に関わることに忘れっぽい感じはしませんでしたし、粘り強く取り組んでいました。

あきらめが早いと感じるのは、ほめられないから、忘れ物が多いのは、そのものより、さらに関心のある大切なものを心に持っているから、の可能性があります。

三　処方

これらの観察から、どんぐり亭の支援が必要な子どもではありません。順調に育っている部類に入ります。ただ、やはり、ほめられることが少ないためのストレスを感じます。数時間つきあっただけで、これだけの長所がある子ですから、ほめるところはたくさんあります。反抗することが多いのは、この点で満たされていない可能性が強いです。

ほめて、自信をつけてやってください。先日のアドバイスのとおり、ほめたことを記録しておくとよいです。自分の意外な盲点や、Aくんの意外ないいところが見つかります。

そして、友だちと喧嘩をしたり、みんなの前で間違えて、恥ずかしい思いをしたり……。失敗させるだけでなく、必ずそれを乗り越えさせること。ほめたり、納得させたり、叱ったり。その時々に合わせて本人の心に一番よく入る方法で、乗り越えさせてください。

喧嘩して、仲直りすること。そうすると、慎重さ（賢さ）の方向へ動き、人とのかかわりを恐れず、進んで人とかかわろうとする人になります。小さな失敗でつぶれず、そこから学ぶ賢い人になります。

今の社会では、母子家庭というのは、たいしたハンディにはなりません。課題となるのは、子供の発育には、母性と父性が必要ですが、それをお母さんが両方担当しなければならないという点だけです。

特に、男の子が、正しい大人になるためには、憧れの父性が必要です。それが、実の父親である必要はなく、近所のおじさんでも、芸能人でも、先生でもいいのです。とにかくあんなふうになりたいという男像が必要です。それを子供が見つけるチャンスを作ってやるのが、母親の仕事だと思います。つまり、たくさんの魅力的な人と出会わせてやるということです。それさえできれば、なんのハンディもありません。
また、お母さん自身も辛い思いをいっぱいして、くだした決断ですから、どうか、その決断を信じて、自分らしく人生を歩いていってください。それが、Aくんにもよい影響をあたえます。

四　付記

わずかな時間の観察なので十分なことがいえませんが、心配なことがあったらいつでもご連絡くださ い。
子育ては、お母さんの人生の多くを費やして行なう一大イベントです。どうせやるなら、楽しんでやってください。自分の理想像に育てようとするのでなく、その子の本質にあった方向に力を貸してやってください。Aくんが生まれたその日の思いを、いつまでも忘れず、子育てを続けてください。

では、また。

自然学舎「どんぐり亭」亭主　加藤　久雄

そして、それに加えて、電話のカウンセリングを行っている。電話カウンセリングは、どんぐり亭の土地の力を借りられないので、かなり技術を使わないといけない。小学生では親が対象となり、高校生以上では本人に行うことが多い。こちらからかけるより、向こうからかかってくる方がはるかに多い。

電話カウンセリングといってもどんなものか想像するのは難しいだろうから、どんぐり亭の記録の中から、一つ例としてあげておく。

以下に記すのは、電話カウンセリング記録の一部である。ユミコはその名を言えば誰もが知っている名門大学の学生である。とても豊かな感受性を持ち、賢く、能力の高い子だった。しかし大学に行けずに下宿に引き込もるようになってしまい、どんぐり亭に来亭し、僕のカウンセリングを受け始めた。状況は少しずつ改善し始めていたが、ある晩、とても思い詰めて電話してきた。また、だめになった、学校にもアルバイトにも完全に出られなくなったと。夜中の一時半だった。

Y　先生、何もできないよ。もうだめだ。自分がだめだから、つい過食してしまう。菓子パンやカップ麺を気がつくと食べている。もう外も怖くて出られない。

K　わかった。じゃあさ、今日は、エベレストの登り方をユミちゃんに教えるよ。

Y　…………

K　ユミちゃん、エベレストにはどうやって登る？

Y　……。装備を準備して、……それから……。

K　うん。そうだね。そして、まず、どうやって登る？

Y　あとは、ただ普通に登る。

Ｋ　どうやって？
Ｙ　足で。
Ｋ　そう、右足か左足を一歩前に出すことから始まる。どんな高い山も、校庭の砂山もそうやって登る。まず、一歩足を前にだす。それを繰り返して、気がつくと登れているんだ。
でも、君はまだ、一歩も前に足を出していない。だからただの砂山もエベレストに見えてくる。一歩が出せない者にとっては、八千メートルの山も一メートルの砂山も同じだ。決して登ることはできないよ。

君は僕を信じていないだろう。君は僕を選んだと言った。でも信じていない。
Ｙ　そんなことない。
Ｋ　じゃ、僕が教えた体操をやったかい？　呼吸法をやったかい？
Ｙ　……やってない。だって、やる気がしない。
Ｋ　ね、それが信じていない証拠だよ。本気で治る気なんかないんだ。私はこんなにかわいそうなんです。みんな見てって、心が言っている。治る気なんかないんだよ。
僕が信じられないのなら、僕のカウンセリングを受けるのをやめなさい。自分で自分に合った心療内科の先生を見つけなさい。それがお互いのために一番いい。

君は大学で一体何を学んだ？　君の大学が教えようとしている、一番大切なことは何だ？

Y　わからない。
K　命を賭けて何かを信じることの尊さだよ。（彼女の大学はキリスト教系の大学）信じることの尊さが建学の精神だ。キャンパスの建物の片隅、授業の端っこにそれは生きている。でも、君はそれに気がつかない。本気で何も信じていない。
まず、自分が選んだ人を信じる。それがエベレストに登る第一歩だ。
Y　でも、もし先生の言った通りやってだめだったら……。
K　ほらね。それが信じてないってことだ。本気で信じている人は、そんな言葉を言わないよ。
Y　………。
K　前回のカウンセリングで、僕は最後に必ず変わったことが出てくる。それをメールで教えてくれ、といった。でも、君は何も変わらない、といい続けている。
Y　でも、変わってないから……。
K　じゃあ、これまでに君は僕にこんな真夜中に電話をしてきたことがあったかい？　どうしてこんな時間に電話してきたんだ？
Y　思わず……電話したくなって……。
K　君の無意識は、僕のことを信じようよ、ユミちゃん。と呼びかけている。だから君は電話をしてきた。君の無意識は僕を信じかけている。でも馬鹿な意識が、いつも理屈をつけてそれに反対しているんだ。

ちゃんと変化が起こったでしょ。まだまだ変化は一杯あるよ。でもそれは君が気がつかなくちゃいけないんだ。

ユミちゃん、本気で治る気があるの？　僕を信じる気があるの？
Y　ある！
K　絶対？
Y　絶対。
K　じゃ、治る方法を教えるよ。それをやってごらん。
Y　はい。
K　今日は、過食して何を食べたの？
Y　菓子パン二個とビスケット二箱、カップ麺一個。
K　分かった。それが今の君だ。君は前から、学校に進んでいって、クラスの友達と明るく元気にやって、ばりばり勉強しているユミちゃんがどこかにいると思っているでしょう？　違うよ。君は世界にここに一人しかいない。
学校行けなくて、苦しんでいて、つい過食してしまう、ユミちゃん。それが今の君の姿なんだ。他にユミちゃんはいない。分かる？

Y　はい。
K　それが、スタートだよ。そこから始まる。そこから、一歩ずつ登るんだ。まず、変えたいことは何だい？
Y　過食が止まらないこと。
K　まず、過食が嫌なんだね。分かった。じゃ、明日も菓子パンとビスケットとカップ麺を食べなさい。
Y　えっ。
K　ただし、菓子パンは二個、カップ麺一つ。そして、ビスケットは一箱にしなさい。一歩だけ進もう。
Y　はい。
K　そして、それを鏡の前で食べなさい。食べている自分を見ながら食べなさい。それがユミちゃんのエベレストへの第一歩です。分かったね。
Y　はい。わかりました。
K　それが分かれば、今日はもう大丈夫。今日はここまでにしようか。
Y　先生。

Ｋ　え。
Ｙ　ありがとう。
Ｋ　どういたしまして。僕はやれる子にしか言わないんだよ。君はやれるんだよ。一歩ずつね。
　明日、十時までに結果を報告してください。
Ｙ　うん。お休みなさい。
Ｋ　あ、ユミちゃん。あのね、明日、朝起きて、玄関から一歩出るだろ。すると、いつもより少
　しだけ、青空の青がきれいに見えるよ。……じゃあ、お休み。
Ｙ　うん。先生。ありがとう。お休みなさい。

翌日、ケイタイに午後七時半に連絡があった。アルバイトの休憩時間に電話をよこす。

一歩が踏み出せた。アルバイトにも行けた。とうれしそうだった。でも、たぶん今日も食べてしまうと思う、と言うので、どうぞ、それでいいよ。一品減らして食べてね。と伝えた。ユミコは明るく、はい。と答えた。そこで、明日結果を伝えて、と言って電話を切った。

そして、さらにその翌日。ユミコからメールが来た。

「先生、まだ、食べているけど、量は減ったよ。このまま、どんどん減っていくといいんだけど……。本当にありがとう。」

それに対しての僕の返信
「ね、一歩が踏み出せたでしょう。僕はいい加減なことは言わないよ。『この調子でどんどん減らそう』なんて思うのは、意識がユミちゃんをはめようと思っているのです。どんどん減らして、いいぞと思わせておいて、できなくして、こけさせる。ほら、やっぱりだめじゃん！　というのがユミちゃんの意識のシナリオです。はめられてはいけません。
あなたの無意識は、それが分かっていて、そうならないように、このメールを僕に送ってきているのだと思います。人はそんなふうに機械のようにはできていないの。行ったり来たり、失敗を何度も繰り返しながら、他の生き物がまねできないような奇跡的な細胞の結びつきを作るんだよ。
僕の指示を守って下さい。今のユミちゃんは、走ったら転ぶんです。ゆっくり歩いて下さい。今日も昨日と同じ。鏡の前で、一つ減らして下さい。それで十分です。こんなメールが出せるようになっただけでも、大した変化ですよ。」

僕は、アメリカのミルトン・エリクソンという心理療法家を尊敬している。彼に関する書物からカウンセリングの技法を学んだ。この電話カウンセリングではエリクソン流のさまざまな技法が使われているが、（エリクソンについて本格的に学んだ心理療法家から見れば、そんなの偽物だと言われるかも知れないが）エリクソンが言っているように、カウンセリングで、一番大切なことは、いつも相手の枠組みで会うことだ。相手が持っているものをまず許容し、それを利用する。相手が好きなものがあれば、それを使う。いつも相手を思い、相手の価値観の中でカウンセリングの枠組みを作る。そうしないと心を開いてもらえない。

僕は、カウンセリングとは、「相手の心に寄り添って、希望を注ぎ込むこと」だと思っている。不登校も他の問題行動も基本的には同じように思う。不登校の原因が分かっているに越したことはないが、それを探り当て、分析しても治らないような気がする。

何が不登校にさせているのか、が大切なのではなく、不登校という状態がどういうものなのか、を正しく把握して、その行動パターンを変えてやればいいのだと思う。

学校に行くことが本人にとって、渡れそうもない大河なら、踏み石を置いてやればいい。とにかく行動を変化させること、つまり体を変えることが大切だと思う。それには、相手の心に寄り添い、心を開いてもらい、相手の価値を利用して、希望を注ぐ。それで行動が変化していく。わずかな変化がでたら、すかさずその場所をつないで、広げていく。何だか、囲碁やオセロのような感じがする。

僕がやってきた不登校児回復への手順は、

1　相手と会って、話をよく聞く。（相手の世界を知る。相手と出会う枠組みを考える。）
2　自分の体験と逸話を話して、自分のことを信じてもらう。1、2は同時進行。

3　どんな行動が問題なのか、何を変えたいのかを明らかにする。
4　そのためのスモールステップの方法をアドバイスする。（復帰プログラム、心の処方箋など）
5　結果をこまめに報告してもらい、アドバイスに反映させる。
6　小さな変化をほめて、励ます。
7　変えたい行動に向かっているか、いつもフィードバックして検討する。

こうして、子ども達は、不登校から立ち直ってきた。もちろんいつもうまくいく訳ではない。でも、この子は変えられる、と信じたら絶対あきらめない。その子の一生がかかっている。いったんよくなっても揺り戻しがくる。それを覚悟して動揺しないで、次の解決策を考える。

それを粘り強く続けていくと、いつか、子どもの心の愛情のコップが満タンになり、不登校から立ち直ってくれた。現在復帰率は八割を超える。

これがこの一〇年で、身に付いてきた方法だ。来亭者数は、延べ一二〇〇人。もちろんリピーターがいるので、実際の人数はそれよりかなり減るが、自分で宿帳を数えて、大変な人数だと思った。一二〇〇人といえば、僕が二十五年間の教員生活で担任した子どもたちより多い。そして来亭希望者は増える一方だ。これ以上増えてしまうと、週末の時間ではとても足りなくなり、また、情けない話だが、僕のささやかなボーナスによる運営費ではまかなえなくなってしまう。本当に申し訳な

いが、制限をしなくてはならなくなっている。もっとこういった施設が増えてくれるといいのにな
あ、と思っている。

十　元気な来亭者たち

来亭希望者の中には、そうした課題を抱える親子だけではなく、昔の教え子たちもいる。そんな子たちが来てくれたときは、喜びが胸いっぱいに広がる。

僕が正規の教員としてスタートしたのは、高崎市の隣町、群馬町の金古南小学校だった。そして、山の学校へ行きたくて、倉渕という山村の東小学校へ赴任した。ここが今、どんぐり亭が建っているところ。その後、高崎に戻り、佐野小学校という大規模校で勤務した。

群馬町も倉渕もその後勤めた榛名町も今では、みんな高崎と合併し、高崎市になったけれど、その当時はそれぞれの町村の個性がなかなか面白かった。

その初めての赴任地、群馬町で、初めての六年生を担任した。今と比べれば、恐ろしく指導力も低く、一体何を教えていたのだろう、と思うのだが、若気の至り、若さの勢いだけで、子どもたちと毎日元気に過ごしていた。日曜日は子どもと会えないので、寂しくて嫌いだった。子どもたちもただ若い男の先生というだけで、何やらポイントが高く、次々に事件が起こるものの、頼りない担任はクラスの子どもたちにその都度「どうしよう」と相談し、しっかり者の女の子達を中心にみんなで解決し、暖かいクラスになっていった。女の子達は担任よりずっとしっかりしていて、勝手に先生当番というものまで作り、だらしのない僕の机を「しょうがないわねえ」と言いながら片づけていた。そんなことをやっているうちに卒業の季節がやってきた。

僕は、愕然とした。「もう、この子達といられなくなる」そのことが実感として迫ってきたからだ。もちろん頭では分かっていた。しかし、本当に別れるとなると、たまらなく辛かった。

卒業式の日。立派に卒業式を終えた子ども達を前に、最後の挨拶をした。僕の中にはこの子達と別れたくない。何かでつながっていたい、という強い思いがあったのだろう。

「卒業おめでとう。先生、最後に一つだけお願いがあるんだ。君たちはやがて大人になり、仕事に就くでしょう。すると、初めての給料が出ます。そしたら、それを使って、思いっきり高い物を、君たちを育ててくれたお父さん、お母さんに買ってやりなさい。ケチるなよ。思いっきりだぞ。でもさ、もしかしたら、二〇〇円ぐらいは残るかもしれないだろ。そしたら、先生に缶ビール一本おごってくれないかなあ。先生、それくらいの仕事はしたと思うんだ。

みんなに会えて本当によかった。幸せになってね。さよなら。」

もう、最後の方は泣き笑いしながら話していた。

そうやって、彼らは卒業していった。それから先、僕は何度も何度もこんな思いをして、子どもたちを送り出すことになるのだが、そのときは、ただただ卒業していく子が愛おしかった。

そして一〇年の歳月が流れた。

ある春の夜だった。夕食がすんで、のんびりしていると一台の車が止まった。今頃誰だろうと考えていると、しばらくして、玄関のチャイムが鳴った。

「はーい。」

とあわてて玄関を開ける。

すると、そこには、華奢な美しい女性が一人にっこり笑って立っていた。その人は言った。

「先生。しばらくでした。リョウコです。今日、初めての給料が出ました。私、銀行に就職したんです。十年前のあの約束を果たしに来ました。

　ほら、ね。」

見ると、細い腕一杯のバスケットを抱えていて、その中にはエビスビールが山盛りになっていた。

「はい。先生どうぞ。あのときはありがとう。」

そう言って、彼女は僕にビールのバスケットを手渡した。

彼女は、あのときの僕の一方的な約束をちゃんと覚えていたのだった。

立派な大人に成長してくれたことが本当にうれしかった。彼女は、

「先生。ごめん。これから友達と約束があるんです。また、ゆっくり来ます。」

そう言って、さわやかな風のように去っていった。

僕は玄関で、ビールを抱えながら、胸がいっぱいになって、鼻の奥が痛くなった。

後ろから、嫁さんが言った。

「幸せ者だね。」

本当にその通りだった。

「このビール、もったいなくて飲めないなあ。」

と僕はつぶやいたが、あまりにうまそうで、結局その晩、がぶ飲みした。あんな美味しいビールは飲んだことがなかった。人とは本当にいいものだなと思った。飲みながら涙がこぼれて、嫁さんに笑われた。

また、ゆっくり来ますというその言葉どおり、彼女はその後もたびたびどんぐり亭にやって来た。そのたびどんぐり亭で、昔の思い出話に花を咲かせ、楽しい時間を過ごして帰っていった。やがて、彼ができ、東京での結婚式に呼んでくれ、かわいい子どもも生まれた。今でも彼女は人生の節目ごとにどんぐり亭を訪れてくれている。

あのとき同じクラスだった子たちは、立派に成人し、次々にどんぐり亭を訪れ、一方的な僕との約束を果たしていってくれた。

その中に、三人で訪ねてきてくれた男の子がいた。「子」といってもむろんもう大人だったが、みんなあのときの面影があった。二人が僕にビールをくれた。うれしかった。すると、もう一人、スダちゃんと呼ばれている子が、ちょっと恥ずかしそうに、大きな包みを差し出して言った。

「先生、俺、みんなみたいに、まだちゃんと就職できていないんです。今は臨時で町役場に勤めているんです。だから､ビール贈る資格がないと思うんで、今はこれでがまんしてください。ちゃんと就職が決まったら、改めて持ってきます。」

開けてみると、白子のりが入っていた。

（何で白子のりなんだろう。）

と思いつつ、有り難く頂いた。それは今まで食べたどんなのりよりうまかった。

あのとき、みんな同じ時間、同じ場所に立っていると思えた子ども達も、いろんな人生を生き始めていることに改めて気づかされ、しみじみとした気持ちになった。

（いいんだよ。それでいいんだよ。自分のペースで進めばいいさ。新幹線じゃなくても、鈍行列車でも、行き先さえ間違えなければ、いつか東京に着くんだから。ゆっくり行った方が、案外窓の景色がよく見えていいかもしれないよ。）

その時三人の前で口にしたら、彼を傷つけるような気がしたから言わなかったけれど、僕は心の中でそうつぶやき、彼らの幸せを心から祈った。

二年後、スダちゃんは、立派に就職を果たし、郵便局員になった。そして、結婚し、素敵な奥さんを連れて、どんぐり亭にやってきた。

教え子たちは、だんだん自分がこの子たちを教えていた年齢に近づいている。その分当然自分も歳をとっているのだが、ちょっと厚かましいけど、こちらの感覚としては、自分の歳はそこで止まっていて、子どもたちが自分に近づいてくるような感じがする。大人の話ができて、本当に楽しい。仕事の話、お互いの実家の話、昔の思い出話……。時間は瞬く間に過ぎた。

「先生、ホヤ好きですか?」

「え。大好きだよ。磯の香りがいいよね。盛岡に行った時、駅の居酒屋で三陸海岸で採れたホヤを肴に、日本酒を一杯やったんだよ。震えがくるほど、幸せだった。」

「さばけますか?」

「ホヤをさばく? そんなの包丁入れて割ればいいだけなんじゃない?」

「いや、ちゃんとさばき方があるんです。嫁さんの実家は岩手なんだけど、こっちへ嫁にくる時に、嫁に行くならホヤがさばけなくちゃいけない、と母親に言われて、彼女はホヤをさばく特訓を受けてから、群馬に来たんです。」

「へーえ。花嫁修業がホヤさばきなんだ。」

「はい。そうなんです。だから、私さばけるんです。」

と剣道四段にはとても見えない細く優しそうなお嫁さんはクスクスと笑った。

「だから、先生、今度、ホヤさばいて持ってきます。」

と自分がさばくわけでもないのに彼が得意そうに言う。

「え。ほんと。うれしいなあ。」

「絶対、持ってきますから。」

それから、かなりたくさんの水が橋の下を流れていった。でも、ホヤはまだ届いていない。待ってるんだけどな。スダちゃん。ホヤと君たちの笑顔を。あ、いやいや君たちの笑顔とついでにホヤを。


教員の仕事の一つに、通知表を作って渡す、というのがある。誰もが経験していることと思うが、子ども時代、通知表をもらう時はなかなかドラマチックな瞬間で、成績が下がった友達を慰めつつも、上がった自分のうれしさを隠しきれず、教室内に微妙な空気が流れる。それによってお小遣いが変わる、という変動相場制のシステムを取り入れている家庭も多く、子ども達は真剣だ。そんな子どもの気持ちも分かるので、通知表を作る時はたくさんの資料を集めて、正確に子ども像を描き出そうと神経を使う。へたな文字だが、手書きで、心を込めて作る。最近はだんだんコンピューターで打ち出すような通知表に変わってきてしまい、もうすぐ日本中がそうなると思う。しかし、真夜中にペンを握り、手書きで子ども達にラブレターを贈るようなつもりで書くアナログな通知表の方が僕は好きだ。

手書きには、念がこもる。思いを伝え、人を変える力がある。あの野口英世さんのお母さんは文字が書けなかった。しかし、外国にいる息子にどうしても帰って来て欲しくて、文字を習い、英世に手紙を送った。毛筆で書かれたその手紙が今も残されているが、拙いその文字には、見た瞬間圧倒される力が込められていた。念がこもっている。やっぱりラブレターをパソコンで書いてはいけない気がする。それが分かってもらえなくなった世の中が寂しい気がする。

そんな子ども達へのラブレターを千枚近く書いてきた。それが僕の仕事だから。

そして、それを渡すのが仕事だから、もらえることはない。でも、教員を長く続けてその子たちが成人して、どんぐり亭を訪ねてきてくれる。それは、僕がもらえた通知表だと思っている。それもとびきり良い通知表だ。もっとも良い通知表しか来るはずないのだけれど。

もちろん、僕の力で立派な社会人になった訳ではないことは分かっている。しかし、その立派さの何百分の一でも僕がお手伝いできたということと、義務でもないのに、わざわざ会いに来てくれるのは、そこに何らかの人としての好ましい結びつきを編むことができたこと、ということをはっきり感じることができる。

教育の世界では、すぐに結論が出ることのほうがはるかに少ない。人が本当の意味で育つには時間がかかる。樹木がほんのわずかずつ年輪を増やし、やがて大木に成長していくような時間を人もやっぱり持っている。

だから教育者はいつも迷っている。これでいいのだろうか。この指導が合っていたのか。これでちゃんと成長してくれるのだろうか。

僕もいつも迷っていた。でも立ち止まるわけにはいかない。目の前に子ども達がいるのだから、その時一番良いと信じられる指導をやるしか手がない。その時は辛い思いをすることもある。でも、それが子ども達のためだと思ったら、やるしかないのだと思う。教育は未来を築く仕事なのだ。

昔、教員になりたての頃、こんなことがあった。

僕のクラスに家庭環境がめちゃめちゃに大変で、心に大きな傷を負った女の子がいた。

その子は母親に対して、強いコンプレックスを持っていて、友達が母親の話をすると、その友達に意地悪をした。特に母親の自慢をする子を決して許すことができなかった。

ある日の昼休みのことだった。

数人の女の子が教室に残っていた。彼女らは、僕の机の近くに何となく集まり、井戸端会議をしていた。僕はテストのまるつけをしながら、聞くともなしに聞いていた。タカエちゃんが言った。

「今日ね、そろばん塾の月謝届けてこなくっちゃ。お釣りが二〇〇円出るの。そしたら、お母さんがそれはお駄賃であげるから、好きな物買いなっていってくれたの。お母さん優しいから大好き！」

「タカエちゃん、それ朝から何回も言ってるね。」

ケイちゃんがちょっと呆れたように言った。

「だって、大好きなんだもん。」

僕は、あっと思って顔を上げた。その井戸端会議のグループの中にその子も入っていたからだ。

(まずい。)

「ねえ、みんな、いい天気なんだから外で遊んでおいで。」

「はーい。」

子どもたちが教室から出て行く。ぼくはタカエちゃんだけを呼び止めた。

「タカエちゃん。お金、帰るまで先生が預かるから、先生に渡しなさい。落としてなくしたら大変だから。」

タカエちゃんは、すぐにランドセルの所に行き、お金を持ってこようとした。そして、悲鳴を上げた。

「ない! 先生、月謝袋がない!」

僕もすぐに飛んでいって、探した。しかし、確かにない。もう一度、荷物を全部探すように指示して、僕はすぐに理科室前の女子トイレに走った。前の担任から聞いていた。

昨年、お母さんから買ってもらった友達の筆箱をその子がそのトイレに捨てたことを。学校で一番使われることの少ないそのトイレの一番奥の扉を開けた。

便器の中にぼろぼろに破られた月謝袋が入っていた。お金はなかった。

僕はすぐにその子を教育相談室に呼んだ。

「タカエちゃんの月謝袋がなくなったんだけど、知らないかい?」

今なら、こんな聞き方は絶対しないが、僕はいきなり直球を投げた。

「知りません。」

「月謝袋は理科室前のトイレにあったよ。二十五分休みに理科室前の廊下を歩いていたよね。もうやってしまったことは仕方ないんだから、本当のことを言って。」

「知らない。」

「本当?」

「生徒の言うことを信じられないんですか。」

その子は大人みたいにすごいことを言った。

カウンセリングマインドもへったくれもなかった。間違いなくその子の仕業だと思った。

「ごめんね。先生だって君のいうこと信じたい。でも、どうしてもそうは思えない。本当のことを言って。」

「先生のくせに生徒のいうこと信じられないなんて、先生失格だ!」

まさか、自分の生徒にそんなことを言われるなんて思ってもみなかった。しかし、どうしてもそのときの僕は嘘がつけなかった。

「ねえ、先生は今の君の言葉はどうしても信じられないんだ。人間はいっぱい失敗する。そうやって大人になる。失敗したら償って、そこから学べばいい。いつか本当のことが言えるようになったら話して欲しい。いつか話せるようになるって、その君の強さを先生は信じている。」

そんな僕の言葉に耳を貸さず、その子はまた叫んだ。

「私、やってないよ。先生のくせに生徒を信じられないなんて、だめ先生だ！」

そうして僕をはったと睨んだ。自分が最も愛されたいと望んでいる大人に裏切られ続けてきた彼女にとってそんな態度や台詞は朝飯前だった。

僕はそこで指導を打ち切った。その後の僕ら二人の関係は表面上は何もなかったかのように過ごしていたが、ずっと心の中には鉛のようなわだかまりを抱えたままだった。やがて、彼女は卒業していった。

ときどき苦い思いとともに彼女のことを思い出すことがあった。そして、気がつくと八年が経っていた。

ある夜。突然、家の電話が鳴った。電話の声には強い緊張があった。

「先生。○○です。しばらくでした。どうしても言わなくちゃって、ずっと思ってた。

でも、できなくて……。
先生、ごめんなさい。あの時、タカエちゃんのお金をとったのは私です。給料をもらったんです。お金を先生に返したくて……会ってもらえますか。」

八年越しの思いが彼女の心に受け止めてもらえた瞬間だった。八年間苦しかっただろうと思う。よくぞ、決心して話してくれたと思った。

教育とは、本当に時間のかかるものである。しかし、だからこそ、価値がある。彼女は人として大きく成長した。きっと僕と別れてから、いい出会いがたくさんあったのだろう。その方たちが彼女が人として生きる道を照らしてくれたに違いない。

教育の世界では結論を急いではならない。すぐに授業で使えるハウツーはプロとして知っておかねばならないが、そのハウツーをどんな心に載せて子ども達に届けるのか、が大切なのだ。包丁だって使い方つまりその人の心持ちによって、凶器にもなるし、命を育む道具ともなる。

どんぐり亭にやってくる元教え子たちは、どんな心で付き合えたかの答えを教えに来てくれる生きた通知表である。若い頃は輪切りにした時間しか見えてなかった。その言葉かけや指導が彼らの人生にどのような効果をもたらすのか、分からなかった。それが、大人になった彼らに出逢うことで、答えをもらえる。大人になった子ども達は自分の言葉でその時のことを実によく語ってくれた。

子ども時代に周囲の大人がその子に及ぼす影響はすごいものがあることがよく分かった。

そして、幸せそうなその子たちを見て、僕はまた勇気が出てくる。今担任している子ども達の将来が浮かんでくるからだ。どんぐり亭に来た昔の子ども達が自分の車で畑の脇道をがたがた揺れながら帰っていく。「先生、またねー」と叫びながら手を振る彼らを見ると、何があっても希望を持って進もうと思う。

「たとえ明日、世界が終わりになろうとも、私は今日、リンゴの木を植える。」

彼らのお陰で、そんな言葉の本当の意味が実感できるようになった。

十一　シンちゃん登場

のべ千人を超える来亭者の中で、ひときわ印象深い子がいた。どんぐり亭を訪れた回数はわずかだが、大きな教えをどんぐり亭に残していってくれた。その子の名前はシンちゃんという。

実はシンちゃんは僕が担任していた子どもで、四年生のときから表面上は六年生まで三年間担任した。

表面上は、とおかしな表現をするのには理由がある。シンちゃんは、アスペルガー症候群という病気をもっていた。そのため、四年生では僕のクラスに籍を置いていたが、五年生と六年生ではふれあい学級（特別支援学級）に籍を置き、僕のクラスとふれあい学級を行き来していたのだ。この病気は、一般の人たちにはあまり馴染みがないものかもしれないが、現在の学校教育の現場では、頻繁に聞く病名である。全国に六十万人ものアスペルガー症候群の人たちが暮らしている。

アスペルガー症候群とは、一九四四年にオーストリアのアスペルガーという小児科医が、自閉症の研究を行う中で厳密な自閉症とは言えないが、その類似のグループの子ども達が数多くいることを発見したことに由来する。自閉症以外でも自閉症に類似した社会性の先天的障害を持つグループが連続的に存在していることが分かってきた。それを自閉症スペクトラムと呼ぶ。自閉症スペクトラムは正式には広汎性発達障害という。それはこのグループが、自閉症に似た生来の社会性の障害を中心とした発達障害を持ち、さまざまな広汎な障害を生じることによる。

発達障害の中でみられる、社会性の障害、コミュニケーションの障害、想像力の障害、それに基づく行動の障害のうち、コミュニケーションの障害が軽いグループがアスペルガー症候群と呼ばれる。障害の程度は軽く、知的には高い子どもである。

知的に高いが故に、その障害の発見や診断が遅れることも多い。そしてそれは親の心理とも微妙に関係する。

学校教育では、テストの結果が学校教育についていけているかの大きな判断材料となっている。勉強ができること=良い子という判断基準である。数字には説得力がある。いい加減なデータですら数字にすると何やら本物らしくみえてしまう。テストで九十点の子の方が、五十点を取った子より優秀と考える。テストによる評価が全面に押し出されている。だから親はテストの点数を気にする。それが一定の水準を満たしていると親は一応の安心をする。

だが、テストで測れる人間の力など、ごくわずかなものだ。それより学校教育の本当の重要性は社会性の獲得にある。みんなとともに生きていくことを学び、それに喜びを感じる環境を作り出すことが学校教育の本当の意味だ。その学校教育の根本に関わる所で障害が発生しているので、一斉指導をしながら現場の教員はすぐに気がつく。あの子は何だかおかしい、と。一人の子どもを深く理解することなら、生まれる前からその子とつきあってきた親にかなうわけもないが、同世代のたくさんの子どもを毎日見続けている教員は、同世代の子どもと比べてこの子の発達段階はどんな状態なのか、比較することができる。その中で、あきらかに行動がおかしい子どもが見て取れる。最近の教室では、かなりの数の子どもたちに社会性の異常が感じられる。

一方で親は先ほどいったように、勉強ができていれば、学校ではよくやっていると思っている場合が多い。そこへいきなり、「お宅のお子さんは、おかしいですよ」と言ってもとても受けつけられるものではない。やはり親なら自分の子に障害があることを考えたくないし、無意識の中でも、それを回避するような行動になる。その気持ちはとてもよく分かる。職員室では、「あの子、おかしいよね」という会話は常に聞かれるが、それがそのまますぐに保護者に届くことはなかなかない。保護者が事実を受け入れられず、逆にその担任を非難したりして、トラブルになるケースが非常に多いからだ。親がそうした事実を正面から受け止められるかどうかが大きな鍵となる。親の心情に十分配慮したタイミングが必要となる。今は、特別支援の方法が充実し、早い段階で分かれば、その子に応じた手厚い指導が受けられる。それはその子の人生を分ける。

人には臨界期というものがある。その時までできなければ、ある物事が学びとれない時期がある。

言葉や音楽の臨界期は有名だ。さらに思考力や決断力、相手の心への洞察力などにも臨界期が存在するようである。その時期を逃したら、結果的にその子と親はどれだけの苦労を背負わなければならないか。過ぎ去った時間は取り戻せない。

シンちゃんが三年生のとき、僕はこの学校に赴任した。当時六年担任だった僕が、給食の時間に二階の廊下で手を洗っていると、クマのプーさんのような印象の子が一人裸足で中庭に座り込んで、地面に絵を描いているのが見えた。一体どうしたんだろう、と見ていると、クラスの仲間が彼を迎えに来て、教室に入るように話しているようだった。一人が腕をとると、ものすごい勢いでそれを振り払い、地面に絵を描き続けていた。目が三角になって、とても不機嫌そうだった。

「あれが、シンちゃんだよ。」

廊下を通りがかった先生が教えてくれた。職員会議でたびたび名前が出ていたシンちゃんをそのときはじめて見た。不機嫌なクマのプーさん、そんな感じがシンちゃんの第一印象だった。

彼の場合は、その社会性の欠如の様子が低学年で指摘され、データが集められた。三年の担任が親に話した。担任の先生は粘り強く、現状を説明し、彼にとって一番良い方法を提案した。心から彼のことを心配していたから。

シンちゃんのお父さんとお母さんはその事実をしっかりと受け止めてくれた。だから、すぐに病院で検査を受けることに同意し、診断が出た。そしてその事実を公表することで、シンちゃんの育ちに良いことがあるのだったら、是非公表して欲しい、とまで言った。本気で子どものことを思い、子どものためになることならどんなことでもやっていこう、という覚悟が見えた。これから話すシンちゃんの物語は、この時のシンちゃんの両親の勇気がなかったら、起こらなかった奇跡だと思う。

三年生で「アスペルガー症候群」との診断が出たシンちゃんは僕のクラスに入ることになった。始業式の担任発表の日、シンちゃんは、不安で校庭に入ってこられなかった。遠くの電柱から、まるで「家政婦は見た」のように様子をうかがっていた。大柄なその体は電柱からはみ出ていた。

僕が気づいて、歩み寄っていくと、彼は走って逃げていった。僕が引き返すとまた、だんだん寄ってくる。また歩み寄ると、逃げる。その顔には笑みも浮かんでいたから、あまり心配はしなかった。ほどなく、お母さんに言い聞かせられて、連れられて、僕の前にやってきた。

「おはよう。今度、シンちゃんの担任になった加藤です。よろしくね。」

そう言って手を出すと、照れくさそうな笑みを浮かべて、手を後ろに隠した。何だかかわいかった。これなら普通の反応だ。うまくやっていけそうな気がした。

しかし、現実はそんなに甘いものではなかった。翌日から、「シンちゃんと愉快な仲間達」との格闘が始まった。

シンちゃんはみんなより少し遅れて毎朝、お母さんに送られてくる。途中、畑で虫を捕ったり、空き缶をけっ飛ばしたり、興味のある物にちょっかいを出しながら、学校までの道のりをやってくる。日によってものすごく波があり、特に、一日のうちでは、朝が苦手で、不機嫌なことが多い。そのことを分かっているお母さんは、いつも素晴らしい対応をしていた。その日の様子に合わせて、歩みの速度を変えたり、いろんな話を聞かせたり、なだめ、すかし、家から学校まで二〇分の通学時間の間に、学校で頑張るための心を整えてくれる。だから、僕に会うときは、朝起きたときよりは、だいぶ落ち着いているようだった。ときどき、お母さんの魔法も通じないことがあったり、親子げんかをして、二人で目が三角になりながらやってくることもある。そんな時、お母さんは、

「先生、今日はだめです。喧嘩しちゃった。」

と苦笑いしていた。確かにそんな日は、ものすごく荒れた。

シンちゃんの席は、一番前の廊下側にした。そこなら、荒れたときにすぐに連れ出して、図書室で大好きな本を読ませることもできるし、自分から教室に帰ってきたときも、目立たずに着席することができる。

とりあえず、席をそこに決め、周囲に穏やかな子どもたちをさりげなく配置し、ごく普通の授業をして、彼の様子を観察した。

椅子に座って授業を受けるのが苦手だった。床に寝そべり、好きな本を読んでいた。それに飽きるとクラスの子たちの注意を引こうと、仲の良い友達に話しかけた。友達は、授業中だから、話し

てはいけない、という気持ちと、シンちゃんに何か答えてやらなくては、という気持ちの板挟みとなり、困った表情を浮かべ、黙っていた。すると、持っていた本で、頭をポカンとなぐった。思わず、

「シンちゃん、止めなさい。」

と注意すると、一列に並んで座っている子たちを、後ろから立て続けに、ポカポカポカとなぐって廊下に走って飛び出していった。子ども達がざわめいた。

追いかけていくと図書室に逃げ込み、隅っこでうずくまった。腕をとろうとすると、すごい力で腕をふりほどき、

「うーっ。」

と唸った。目が三角になっていた。しばらく、図書の先生にまかせて放っておくと、落ち着きを取り戻し、一時間の授業を終えて、様子を見に行くと、静かに本を読んでいた。

もう大丈夫かと思い、

「おいで。教室へ帰ろう。」と声をかけると、

「う。」

とか言って、おとなしくついてきた。

（なるほど。こういう子にはこんなふうに接すればいいんだ。）

僕は、大きなコツをつかんだような気がした。

そして、翌日。また、同じようなことが起こる。図書室に逃げ込んだシンちゃんが落ち着いた頃を見計らって、迎えに行く。「おいで。教室へ帰ろう」と声をかける。

「う。」といって、おとなしくついてくる……はずだった。しかし突然、

「いやだ！」

と叫び出す。パターンを崩された僕があわてて、

「みんな待ってるよ。おいでよ。」

と猫なで声で誘う。

「うううううん。」

と小さい子がむずがるような声を出して、本を床にたたきつけた。その激しい行動につられて、こちらもきついしかり方になる。

「止めろ。みんなの本なんだぞ。」

その声にさらにシンちゃんは怒り出す。パニックになり手がつけられなくなった。

別な日には、アヤカちゃんがシンちゃんに声をかけた。アヤカちゃんは豊かな感受性をもち、本当に友達思いの優しい子だ。シンちゃんはみんなの前で優しくされたのに照れたのか、突然、アヤカちゃんの頭を後ろからたたいた。大柄なシンちゃんに叩かれたアヤカちゃんは前にのめりそうになった。とても痛かったのだろう、涙ぐみながら、それでも、シンちゃんのしたことだからと、にっ

こり笑った。

「何するんだ。大切な友達に！　止めろ。」

僕は怒鳴りつけ、彼の腕を持って、床に押さえつけた。シンちゃんは目を三角にして、白目をむいた。矢つぎばやに出る僕の怒鳴り声など、何も心に入っていなかった。しかり終わってからも、廊下にうずくまり教室に入ってこようとはしなかった。その日は一日、口をきかなかった。一見、力づくで言うことを聞かせたように見えたが、心の中ではマグマが吹き出し口を求めて荒れ狂っているようだった。事実、その後に荒れた。似たようなことが繰り返された。力づくで言うことを聞かせても何も育っていなかった。やはり、人の心を力で抑えきることはできない。いつかその反動がでる。特に発達障害を持った子は、力の指導の反動が必ず出る。

言うことを聞けない子ども達をただただ厳しく管理すると、表面上落ち着いてみえる。しかし、大人が見ていない所でいじめが進行する。あるいは、翌年、違うタイプの担任が持つとクラスがはじけてしまうこともある。それを、はじけた年の担任のせいだという人がいるが、そんな単純な問題ではないのだ。厳しいのが悪いのではない。厳しさの中に暖かさ、暖かさの中に凛とした哲学が必要だ。子どもは言葉ではなく空気でそれをちゃんと感じとっている。

太陽と北風というイソップ童話があるが、よくできた童話だ。北風だけでは人の心を変えることができない。

全員というわけではないが子どもたちの中には、これまでの経験からシンちゃんとの接し方が何となく分かっている子がいた。「太陽」を使える子ども達がいた。しかし、僕はそれができずにいて、「北風」になって、一人空回りしている感じだった。

大失敗だった。僕はシンちゃんという子を何も分かっていなかった。

その間に、僕がしょっちゅうクラスをあけるという落ち着かない雰囲気につられた子どもたちが、騒ぎ出していた。シンちゃんはあんな自由にできるんだから、僕だって、と言うことかも知れない。

クラスの中に二つの規準ができると、子ども達は甘い方に合わせるようになる。ダブルスタンダードでは、クラスの秩序が保てなくなることは経験上分かっていた。しかし、どうにもならなかった。

これまで学級崩壊など自分のクラスには無縁なものと思っていたが、こうやってクラスが崩れていくんだ、と背筋がぞくっとした。

(とにかく、シンちゃんをなんとかしよう。それができればクラスも変わるはずだ。)

そう思った。

それにはまず、シンちゃんの病気をしっかり知らなければいけないと考えた。アスペルガーに関する本をかき集め読みまくった。シンちゃんにあてはまること、全くあてはまらないこと、いろいろだった。しかし、そのおかげでおぼろげながら、シンちゃんの心の中や苦しみが分かってきた。

僕一人では、とても無理だと思った。お母さんと相談をして、シンちゃんの病気についてみんなに話すことに決めた。

職員室の先生方にも分かってもらおうと、アスペルガー症候群についてのレポートを書き、職員会議で説明させてもらった。先生方はとても協力的で、「廊下や図書室で見かけたら、どんな声がけをすればいいの」とか「何かできることがあったら言ってよ」とか気にかけてくれ、僕が見ていないシンちゃんの様子をいつも報告してくれた。それは、指導の修正をするのに本当に役に立った。

授業参観の後の、懇談会でも親たちに話した。クラスの中に心に障害を持った子がいる。そのことはクラスにとって困ったことではなく、その子を通じてクラスの子たちが人として成長できる。クラスの宝物なのだ。クラスの一人の子が幸せになることがクラス全体を良くすることだと。

懇談会にはシンちゃんのお母さんも出席していた。お母さんの態度は本当に誠実で立派だった。何も言い訳せず、ただ、ひたすら恐縮して、こう言っていた。

「うちの子がみなさんにいつも迷惑をかけて本当にすみません。でも、うちの子はみなさんのお子さんや学校が大好きなんです。あの子が何か起こしたらいつでもいってください。すみません。」

それに対して、親たちは口々に
「全然大丈夫よ。みんなシンちゃんが好きなんだから」「うちの子よりシンちゃんのほうがずっと優しいよ。この前だって……。」

みんなシンちゃんのお母さんの辛さを、同じ母親として、分かろうとしていた。

そして、僕は子どもたちにもお願いした。

「シンちゃんはアスペルガー症候群という病気なんです。シンちゃんもみんなと同じようにやりたいんだよ。でも、どうしてもそれができないこともある。みんなには、五メートル走るくらい簡単に思えるようなことでも、シンちゃんにとっては、持久走大会のコース三周分ぐらい辛く思えることもたくさんあるんだよ。だから、みんなに力を貸してほしいんだ。シンちゃんが良いことしたな、と思ったらそれをしっかり褒めてやって欲しい。悪いことしたな、と思ったら、それをなかったことのように知らん顔して欲しいんだ。騒いだり、怒ったりすると、よけいにそれをやるようになってしまう病気なんだ。

詳しくは、このアスペルガー症候群についての絵本を回すから、全員読んで下さい。できたら、家の人と読んできて下さい。

シンちゃんが幸せになることは、このクラスが幸せになることなんだ。」

子ども達は力強く頷いてくれた。そして、奪い合うようにして、用意した絵本を読み始めた。「あ、そうだよ。先生、シンちゃんってこうなるよ」とか「ふうん。こうすればいいんだ」などと言いながら、読んでいた。そのみんなに混じって、「なるほど。そうなのか」と言いながら、シンちゃん自身が読んでいたのは、おかしかった。

子どもたちは順番で絵本を持ち帰り家族で読んでくれた。「シンちゃんのことがよく分かりました。子どもにもよく説明しました。先生、家庭でシンちゃんの力になれることがあったら、やりますから、教えて下さい」という手紙が来た。ありがたかった。

そして、クラスに作らざるを得ないダブルスタンダードのことについても子ども達に説明した。

「先生は、クラスのみんながかわいい。だから、みんなに公平でいたいと思っているんだよ。先生がAちゃんとBちゃんが宿題を忘れたときに、同じにしかったら、これは公平かな。」

「公平！　公平」

と子ども達は叫んだ。

「じゃ、AちゃんとBちゃんが宿題を忘れたのに、Aちゃんにはしかって、Bちゃんには何も言わなかったら？」

「公平じゃない。不公平だ。」

「実はさ、それが公平ってこともあるんだよ。Aちゃんの宿題忘れはただのさぼりだった。でも、Bちゃんの宿題忘れは、お母さんが病気でその看病をしていたから、できなかったんだ。だから、先生は、Aちゃんをしかって、Bちゃんをしからなかった。

　宿題よりお母さんの看病の方がずっと大切だからね。先生のお仕事はね、全員に同じようにすることじゃないんだ。全員を同じくらい幸せにすることなんだ。

　先生に三十四分の時間があったら、それを全員に一分ずつあげるのが本当の公平ではなく、勉強が分からなかったり、友達のことで困っていたりして幸せ度が低い子がいたら、その子にできるだけ時間を使って、みんなの幸せ度を同じにすることが本当の公平だと思うんだよ。

だからね、シンちゃんがしかられないのに、同じことで君たちがしかられることもあるよ。だって、君たちにはそれは楽々できること。シンちゃんにはそれがとても大変で、やろうと思っても今はできないことだから。でも、シンちゃんも必ずできるようになる。そうなったら、みんなと同じように、しかるよ。その時、シンちゃんの幸せ度はみんなと同じになるんだ。」

子ども達は変わり始めた。

教室に秩序が戻ってきた。

シンちゃんの行動につられなくなってきた。シンちゃんの調子が悪くて、教室で大きな声で独り言をいったり、授業中話しかけられても、全く動じなくなった。まるで、そのことが起こっていないかのように振る舞った。一列の子をポンポンたたいても、全く気にせず、僕の授業を受け続けた。それはそれは見事なものだった。何も反応しない子ども達に、彼はつまらなそうに、また自分の所へ戻った。

班活動になると、子ども達はシンちゃんに進んで話しかけ、どうするか相談していたみんなは、ちゃんとだめなことをしたときには反応せず、よいことをしたときにはしっかり反応した。シンちゃんは読書家で普通の四年生とは比べものにならないくらい豊富な知識を持っていた。特に理科の分野では、それが際だっていた。理科の実験では班やクラスをリードした。みんなが頼りにして聞いてくるのがうれしくて、班の話し合いのときについ大きな声を出してしまうこともあった。そんなとき、子ども達が、「今のは良いこと？　悪いこと？」と反応したものかどうか困っていっせいにこちらに救いの目を向けることもあった。

僕は笑いながら、オーケーサインを送った。

そして、休み時間には、みんなシンちゃんと一緒に元気な声を出して遊んでいた。シンちゃんもうれしそうだった。

周囲の子ども達が変わり始めると、シンちゃんも変わり始めた。やがて、授業中突然、立ち上がって友達をポンポン叩くようなことはなくなった。アヤカちゃんにやったようなことも少なくなっていった。

少しずつだけど、彼の中で、社会を生きていく上での最低限の枠が組上がってきたのを感じた。

（これで、やっていける。）

僕はそう確信した。

十二　シンちゃんどんぐり亭にやってくる

自然が大好きなシンちゃんは、僕が授業の中で話すどんぐり亭の話に強く関心を持ってくれた。そして、夏休みになると、

「先生、先生の山小屋に行ってもいい？」

と聞いてきた。僕は喜んで、

「どうぞ。どうぞ。歓迎するよ。」

と声をかけた。実行力のあるシンちゃんは、すぐに仲良しのシュウちゃんを誘って、山小屋へ来ることになった。

シュウちゃんは、繊細でとても優しい男の子。気の良さは抜群だ。明るくて、調子に乗っておもしろいことをしでかす。優しすぎるので、戦うスポーツにはあまり向いていない。相手が攻めてくると、すぐ譲ってしまう。そこがお母さんには歯がゆいようだったが、それくらい人が良くて、ゆっくり育つタイプの子だった。

シンちゃんはそのシュウちゃんの優しさを好んだ。職員室でもよく話題になったが、シンちゃんというのは、本当に人を見る目がある。シンちゃんが好きになる男の子も女の子も心底優しい子なのだ。先生の前ではいい子だけど、陰で、ちょこっと意地悪するような子には必要以上に決して近づかなかった。彼がちょっかいだしたり、遊んだり、とにかく進んで関わりをもとうとする子は、例外なく心底優しい子だった。彼の直感は絶対間違うことがなかった。僕のようなぼーっとした教員よりはるかに鋭かった。

シンちゃんがどんぐり亭へ来る前、嫁さんには、「いいか。驚くなよ。すごいぞ」と話しておいた。シンちゃんのことは家でよく話題に出ていたから、嫁さんは、シンちゃんに会いたがっていた。彼は四月の状態と比較すれば感動するほどの進歩を見せていた。しかしそれは、すべてがみんなと同じようにできるようになったということではない。

まだまだ課題はあった。学校のようなしっかり枠のあるところでも、あの状態だとすると、どんぐり亭のような自由な空間では、一体どんな様子になるのか、まったく想像がつかなかった。まったくコントロールが効かなくなるかもしれない。森の中には、学校とは比べものにならないくらい危険が一杯ある。命に関わることもある。

シンちゃんがどんぐり亭に関心を持ってくれたのがうれしくて、気軽に引き受けたものの、正直、僕は緊張していた。

シュウちゃんのお父さんの車で、二人はガタゴトやってきた。

シンちゃんは、勢いよく車から降りると、

「うーん、これがどんぐり亭か。」

と工場視察の社長のような態度で言った。

ヒグラシが津波を起こす森をしばらく見つめてから、どんぐり亭に入った。

「おお、すげえ。」

囲炉裏の部屋の北側は一面、すべて備え付けの本棚である。そこに、シンちゃんの好きな昆虫図鑑や動物図鑑、漫画、絵本がびっしり……。本好きのシンちゃんにはたまらなかった。

「シンちゃん、ここは学校とは違うよ。好きな本を自由に取り出して、寝っ転がって読んでいいよ。そしてね、シュウちゃん、シンちゃん、ここに来てごらん。」

僕は、いつも自分が寝っ転がって森の風を感じる窓辺の特等席に二人を案内した。

「ここに寝っ転がって、本を読むの。すると、森から風が吹いてきて、気持ちいいんだよ。森が君たちに話しかけてくれる。先生、いつもこうしてるんだ。」

そう言って、本をつかんで、ベンチに横になり足をあげた。学校では見られない僕の行儀悪さを

シンちゃんが感動した本棚

見て、二人は笑った。

シンちゃんもシュウちゃんも、とても行儀がよかった。それも、緊張しているのではなく、リラックスしていながら、僕よりはるかに行儀よく、嫁さんにあいさつし、出されたお菓子とジュースを飲み、きちんと座って本を読んだ
「あのさ、寝っ転がって、読んでいいんだよ。足上げてさ。」

再度、誘ったが、そんな失礼なことはできません、という空気で二人はおとなしく座ったまま、本を読んでいた。

「あのさ……」

（変だなあ。どうしたんだろう。）

もう、止めておいた。普段と正反対のことを言っている自分が一番変だった。

台所で嫁さんが小声で言った。

「言ってたことと全然違うじゃない。今まで来た子の中で、一番いいよ。」

「そうなんだよ。どうしちゃったんだか。」

「ほんとに、アスペルガーなの？」

「うん……多分そうだと思うけど……。」

何だか、自信がなくなってきた。

ひとしきり読書したので、僕は子ども達を森に連れ出した。出発しようとする僕らに嫁さんが、

「ちょっと待って。蚊に刺されるといけないから。」

と言って虫よけスプレーをかけてきた。シンちゃんは顔をしかめながらも、素直にスプレーを受けた。そして、嫁さんが亭に引っ込むと、一言。

「先生、気が利くいい奥さんじゃん。」

「………。」

何から何まで、学校と違ってこちらは調子が狂いっぱなしだ。

カブトの森に行くまでに、砂利の坂道がある。ほとんどの子はここで転ぶ。注意深くバランスをとらないと下れないのだ。ここは、子ども達を観察するポイントの一つとなっていた。

シンちゃんは、必ず転ぶと思った。しかし、なんなくクリアーした。逆にシュウちゃんの方が、ズリリ……とすべり、派手なしりもちをついた。

「大丈夫か？　ここは滑りやすいんだよ。後ろに体重をかけると危ないんだ。気をつけろ。」

シンちゃんが言った。

秋則さんが「カブトの木」と呼ぶハルニレの木では、ミヤマクワガタやヒラタクワガタ、カブトムシ、ノコギリクワガタ……とオールスターキャストで出迎えてくれた。

何だろう。森が気を使ってくれているというか。カブトムシを何度も採りに来て、一度も出会え

ない子もいれば、シンちゃんのように来る度、大漁という子もいる。シンちゃんが来ると必ずカブトムシが待っていてくれる。

シンちゃんが春の初めに来たことがあった。森にはまだ、少し雪が残っていた。シンちゃんはカブトの木に行くという。絶対いないから寒いし止めよう、といったのに、見てくるだけというので、つきあった。ハルニレの木が見えた所でシンちゃんは走り出した。そして声をあげた。「いた！」うそだよ。絶対この時期にカブトはいない。そう思って、木に駆けつけると、大きなノコギリクワガタがいた。僕は本当に目を疑った。触ってみると、生きていなかった。何故こんな時期にノコギリクワガタが死んだまま木にくっついていたのかわからないけれど、変な話、森がシンちゃんに気を使ってくれたような感じがして、何か畏れのようなものを感じた。

（この子は森から愛されているのかもしれない。）

そんな思いが浮かんできた。

二人は森の探検を終わり、亭の脇でアリジゴクをスプーンで捕まえては、実体顕微鏡で観察し、喚声をあげていた。シュウちゃんは、アリジゴクを連れて帰った。シュウちゃんのお母さんには、不評だったようだが……。二ケ月ほどして朝、学校でシュウちゃんは興奮して僕の所に飛んできた。

「すごいんだよ。アリジゴクがトンボになった。巣からトンボが出てきたんだ。」

ちゃんとウスバカゲロウに羽化したらしい。自然の営みに触れる子どもは本当に本来あるがままの人に戻る。

どんぐり亭に来たシンちゃんもそうだったのかもしれない。僕はシンちゃんたちから大きなことを教わった。

彼らをより大きな問題行動に駆り立てているのは、今の学校なのではないか、と。学校では好きなことだけやっていればいいわけではない。嫌でもやらねばならないことが世の中にはたくさんある。それを学ぶのも学校だ。しかし、そこを強調するあまり、楽しさの消えていく学校。ゆとりの消えていく学校。普段、かってにお菓子を持ってきて学校で内緒で食べちゃだめだ。それは当たり前。それはクラスの仲間を裏切ることでもある。でも、クリスマス会には、親たちが手作りのクッキーを届けてくれ、みんなで楽しんだ。昔はそんな年がよくあった。今日は特別の日。だから、いいんだよ。それはハレの日だった。先生が旅行に行ってきた。子どもたちを思って、ちいさなチョコレートをお土産に買ってきた。内緒だぞ。そう言って、みんなでそれをかじりながら、先生の旅行の話を聞く。そんなことを僕の担任の先生はしてくれた。うれしかった。それだけで、一日がなんか弾んだ。お菓子がうれしいというより、先生がいつも自分達のことを思っていてくれる、人生って楽しいぞ。そんなメッセージが伝えられたからだと思う。

人とは、そんな育ちをするものなのではないだろうか。

そんなことするから、子どもが学校にお菓子を内緒で持ってきて食べるんだ、徹底して、取り締まらないと。そんな声もよく聞く。でも、本当にそうなのだろうか。取り締まれば取り締まるほど、互いの心が離れていき、問題行動が増えていくようにも思う。

　要は、場をわきまえて動けること。そこを教えればいいのだ。それには生きる楽しみやリズム（ケの日、ハレの日）を教えることこそ大切だと思う。それが生きる希望につながる。すべて神経質にルールで決め禁止する北風では、心は育たないと思うのだがどうだろう。

　ぼくはどんぐり亭に来たシンちゃんから、

「もっとゆとりを持って僕を見てよ。教えるばかりじゃなく楽しんで一緒に過ごしてよ。僕の全部をよく見てよ。」

そう言われているような気がした。

　シンちゃんとシュウちゃんはリラックスしつつ、どこまでも礼儀ただしく、羽目をはずすことなく、帰っていった。

　シンちゃんたちが帰った後、嫁さんに虫除けスプレーの話をしたら、大爆笑し、

「シンちゃん大好き。」

と言った。

　たかだか、数時間の出来事だったけれど、学校でのシンちゃんがすべてだと思っていた僕にとって、これは衝撃的な出来事だった。学校の教員は、学校の様子しか体験できない。親は、家での様

子しか体験できない。お医者さんやカウンセラーは、診察室での様子しか体験できない。だからこそ、お互いの情報交換が不可欠になるのだけれど、情報として伝えられるものと、自分がそこにいて体験するものは、やはり何かが違う。

僕が、アフリカの地平線で感じた感覚と、それを講演会で聞いた子ども達の感覚の違いと同じようなものかも知れない。そして、人は体験している方を優先して判断するようにできていると思う。名医とか名カウンセラーというのは、診察室で話を聞くだけで、家庭や学校の現場にいて体験しているのと同じ感覚で治療やアドバイスができる際だった想像力を持つ人を言うのだろう。僕にはとても無理だから、シンちゃんの二面を体験できたことは大きかった。

学校のシンちゃんとどんぐり亭でのシンちゃん、この二人のシンちゃんを知ることは、まるごとの人間としての総合理解へとつながった。

夏休みが明け、九月になると、僕のほとんどの言葉がシンちゃんに受け止めてもらえるようになった。もちろん、彼が拒否しそうな言葉かけをせずに、うまく言い換える方法をマスターしたり、クラスの受け入れ体制が完成したことも関係があると思うが、何よりも、どんぐり亭で過ごした時間によって、シンちゃんの人間全体を意識して、彼の体全体に響かせようと思いながら、言葉を探すようになったことが大きいと思っている。

そして、運動会の練習が始まった。

今年は沖縄の踊り「七月エイサー」を指導することになった。沖縄の青い海やさわやかな風を感じる踊りだ。子ども達は喜んで、踊っていたが、なにぶん初めての事なので指導には時間がかかった。二時間通して、三、四年生に指導する。シンちゃんは気が向いた練習は参加したが、エイサーのような初めての踊りは難しく、苦手のようだった。

「先生、今日はだめだ。やれない。」

自分の様子を報告できるようになっていた。

「分かった。他の先生に頼んでおくから、教室で自習していなさい。タクちゃんも病気で来られないから一緒にしっかり勉強してな。いいね。」

「うん。」

「うんじゃなくて……。」

「はい。」

年上の人にかわいがられるように、ちょっとだけ、敬語も教えはじめた。

その日は、エイサーのクライマックスの所で、予定のところまで終わらず、延長して指導しなければならなくなった。四時間目を終えた時、予定より十分も超過してしまった。

この学校は、遠くの第二校庭から戻ってくるので、さらに時間は遅れた。

「先生、お腹空いたよお。」

「みんな、ごめんな。給食当番から先帰って、大急ぎで給食の準備して。」

そう声をかけて指導を終わりにした。

時間がないので、子ども達と一緒に教室へ上がる。急いで給食準備をしなければ、とちょっと焦った。

そして、教室の扉を開けた瞬間、

「すげぇ」「何これ」「できてる！」

子ども達が歓声をあげた。

そこには、すでに三十四人分の給食が全部整えられていた。

「シンちゃんだ。シンちゃんたちがやってくれたんだ。」

シンちゃん達が、僕らが遅くなることを見越して、給食ワゴンが運ばれてきてすぐに二人で準備していたのだった。

「どうせ、みんなが遅くなると思ったからさ。」

とシンちゃんは言った。

ことの次第が明らかになっても僕は信じられなかった。相手の気持ちや行動を思いはかり先回りして行動することはアスペルガーの子たちが苦手とする行動だった。後日、心療内科の先生にこのことを話したら、

「信じられません。ほんとですか。」

と言われた。

本当だった。シンちゃんの心の中に、何か大きな変化が起こっていた。

こうして、シンちゃんはクラスのみんなから好かれ、かけがえのない存在になっていった。

それから、しばらくして、ある女の子の母親から連絡が来た。

「うちの子が、数日前から指を腫らしているんですが、学校で何かあったらしいのですが、訳を言わないんです。先生からも聞いてみてもらえませんか。」

すぐに、サキちゃんを呼んだ。そして、事情を聞いた、原因はシンちゃんだった。シンちゃんがふざけて、パンチしたのを避けようとして、指を突き指したらしい。しかし、それを話すとシンちゃんが先生や親に怒られると思ったらしい。サキちゃんは彼をかばって、黙っていたのだった。

そこで、すぐにその事情をサキちゃんのお母さんに説明して、気がつかなかったことを詫びた。

すると、

「なあんだ。シンちゃんだったんだ。いいんですよ。どうせ、うちの子もなんか余計なことを言ったに決まってますから。」

それは絶対なかった。彼女はクラス一穏やかな子だった。

シンちゃんは、まだまだパニックも起こしたし、勝手な振る舞いもあった。パニックを起こすと、ヒロキくんが飛んでいって、

「お客さん、心がこってますねえ。マッサージしましょう。」

なんて言ってお腹をくすぐった。そして、落ち着くまで、辛抱づよくシンちゃんに付き合った。彼がそんなことをやると、たいてい機嫌がおさまった。優しいヒロキくんにしかできない魔法だった。

シンちゃんはみんなに愛され、守られた。そして、シンちゃんは、そのみんなの愛にちゃんと応えてくれた。パニックを起こしても、その時間がとても短くなった。友達に手を出す回数も大幅に減った。そして、その進歩を子どもたちもみんな分かっていて、それを自分のことのように喜んでいた。

四年生の途中からは、支援員の佐藤先生というお母さんのような先生がシンちゃんたちの面倒を見てくれ、それも心の安定に大きな役を果たした。

四年生最後の日に校長先生が手紙をくれた。

「加藤先生、欠席がとても少ない明るい元気なクラスでした。素晴らしい学級作りの様子がよく分かりました。欠席ゼロの子が二十六人もいるのはすごいです。きっと学校に来たくなるのでしょうね。楽しいクラスでよかった、との保護者の感想も多く、信頼関係が良好ですね。通知表の一

人一人へのコメントは、子どもと親の心に残る宝の言葉になると思います。素晴らしい魔法をかけていただき、本当にありがとうございました。

ＰＳ　不登校傾向のあったシンちゃん、欠席ゼロですねえ。」

有り難かった。僕が一番大切にしていることを分かって下さっている校長先生に心から感謝した。

こうして、シンちゃんと愉快な仲間との一年が終わった。

十三　高学年のシンちゃん

五年生になると、学校と教育委員会の方で配慮してくれ、ふれあい学級（特別支援学級）ができた。

それは、シンちゃんのような子ども達を発達段階に合わせて、特別支援の先生が個別に見てくれ、彼らはみんなと仲良くやっていくためのコントロール、つまりソーシャルスキルを学び、親学級でみんなと学んだ方がいい時は、親学級に来て、一緒に授業を受け、学んだソーシャルスキルを使えるようにするシステムだ。

それは、本当にありがたいことだった。担任一人だと必ずシンちゃんか、他の子のどちらかに、空白の時間ができてしまう。しかし、これなら無駄な時間はいっさいなくなる。どちらの子ども達のためにもいいことだ。そして親学級の担任は助かる。

この学校に初めてできた特別支援学級の担任になった内田先生はどんな学年でも学年主任ができるベテランの先生で、申し分のない配置だった。しかし、何もない、まさしくゼロからの立ち上げだったので、本当に苦労されたと思う。すべてを内田先生が整え、シンちゃん達が効率よく学べるように、学級のシステムを作り上げた。シンちゃんをとてもかわいがり、かといって甘やかさず、ちょうどよい距離を保って、指導してくれた。親学級の僕は、どれだけ安心したことか。ソーシャルスキルの学習も確実に進歩をみせた。

そして、シンちゃんは、ついに最高学年の六年生となる。

内田先生が作ったふれあい学級は、芳子先生に引き継がれた。芳子先生は、シンちゃんの三年生の時の担任だった。包容力のある暖かいベテランの先生だ。助手の薫先生は若くて元気いっぱい、いつも子どものことを一番に考えて労力を惜しまない先生だった。そして、芳子先生と薫先生は、その一年間のシンちゃんの様子を克明に記録してきた。

シンちゃんは、思春期にさしかかり、四年生とは違う課題が生まれてきた。人の目を気にして、自分がみんなと違うことへの苛立ちを見せるようになった。みんなと同じようにしたいのにできない苛立ちは、周囲の様子が見えるようになった進歩だけれど、それはシンちゃんの新たな課題となった。

芳子先生と薫先生の援助の記録は一年間で、大学ノート四冊にびっしり埋められた。それは、シンちゃんへのラブレターでもある。陰でこんなに頑張っていてくれたことが埋もれてしまうのは、あまりに惜しいので、ここに長く引用させて頂く。

基本的にはふれあい学級にいる時には芳子先生がシンちゃんを見て、僕のクラスにいる時は薫先生が見てくれた。二人は互いの見ていないときに何が起きているのかを知って、よりよい指導を行うためにこのノートを記録して交換し合った。以下、芳子先生がY、薫先生がKとして記す。

四月八日

K　九時一〇分ごろ、お母さんから学校に電話がありました。「新しいクラス、新年度の特有の雰囲気などで、シンちゃんが不安定になっているので、よろしくお願いします」とのことでした。シンちゃんの気持ちが少しでも楽になるようなお手伝いができれば、と思っています。

（最高学年というのは、シンちゃんにプレッシャーとなり、スタート時はかなり不安定だった。）

四月十日

Y　朝、お母さんとけんかして登校してきたとのこと。母子関係も今は不安定らしいです。昼休みは、ヨウコさんと飼育当番の五年生の応援に行き、よく頑張っていました。五時間目は、教室に来て、読書。すごく鼻息が荒く、声をかけてもうなるばかり……。ノートの名前書きもできませんでした。

K　予定表を確認して、二時間目に理科の実験があることを知ると、すぐに理科室に直行。理科室では先生の横でお手伝いをしたり、時々、イタズラをしたり、名（迷？）アシスタントぶりを発揮していました。ですが、実験が始まると、すぐに自分の席に戻り、グループの中心となって、いきいきと活動できました。四時間目は約束の視力検査ができたので、プレイをしました。プレイの最中、プラモデルのことをずっと気にしていました。芳子先生と作ることを楽しみにしているようです。

四月十四日

Y　三時間目、読書の時間の合間にノート二冊に記名しました。四時間目は光電池の車のキットを組み立てました。配線部分がよく分からないようで、少しイライラしていたので、手伝いました。モーターが回るとうれしそうでした。登校班会議は参加できてよかった。みんなの集まるイベントは本当にストレスがたまるみたいですね。

（シンちゃんは、四年生の頃から、親子行事など、みんなが集まる所は刺激が強すぎてとても嫌がった。多くの場合は参加できずにいた。）

K　九時頃、お腹の調子が悪くて、遅くなりそうだとお母さんから連絡がありました。去年もそうだったが、月曜日の朝は体調が崩れることが多いです。玄関で私に会うと土曜日に東京のダーウィン展に行ってきたことをうれしそうに話してくれました。そこでまた図鑑を買ってもらったらしく明日持ってきたいと話していました。

四月十五日

Y　理科のプラモデルキットをインターネットで検索していました。クラブ調査が終わり、社会の縄文時代の生活に興味があるらしく、加藤先生にプリントをもらっていました。ノートすべてに記入完了。社会で授業に進んで参加し発表する姿も見られました。

四月十七日

Y　中休み、ウサギがけんかして死んでいると心配しているので、三時間目はウサギ小屋へ行き、怪我をしているウサギをゲージに入れました。優しいですよね。学力テストも一気に生物分野をやりこなしました。大進歩。素直に自主的にやることができました。ここのところ安定しているようでひと安心です。薫先生、ありがとう。

K　学校にくる途中、廣瀬先生が声をかけて下さったお陰で、機嫌よく登校できました。理科では、先生の側でお手伝い。途中、質問をして先生の説明を止めてしまうこともあるけど、どれも鋭い質問でクラスみんなが勉強になります。高橋先生もそんなシンちゃんの質問に丁寧に答えてくださるので、今年も理科の授業にとても良い形で参加できているように感じました。

（理科は五年生から専科の先生になったが、シンちゃんは相変わらず理科が大好きで専科の高橋先生が実にうまく彼の気持ちをもりあげてくれた。）

四月十八日

Y　ふれあいの部屋でプロペラ車ブルブルロボを改造していました。理科のビデオを見るというので見せたら、魚に興味があるようです。六時間目は道徳で、加藤先生の話をよく聞いて発言する時間もありました。みんなと一緒に過ごせる時間が増えてきて良かったです。。お母さんも喜んでいました。

四月二十一日

Y　三時間目の読書が終わると、プリントを選んでやり始めました。分数のたし算をして、一枚は全問正解、パーフェクト。分子と分母が同じものが1となることはまだよくわからないようです。放課後、教室に残り、加藤先生に自分の持ってきたものを見せていました。明日私にも見せてね、とお願いしました。今日はすごく素直な一日。

K　今朝はとても落ち着いていました。読書の後で、学力テストをすると約束しました。時間になったので声をかけると、すぐに自分で理科のテストをすることができました。

四月二十三日

Y　情緒不安定の一日。自分の気持ちをどうしたらよいか分からない様子でした。声をかけると「うるさい」「だまれ」とどなり、パズルを部屋中にばらまいていました。かたつむり遊びを私が始めると、そばに寄ってきました。その後、ちょっとしたきっかけでいつもの明るい声に戻るが、一日中しずんだモードだったです。何かひとつこだわることができると、本当に不安定になってしまいます。一日、ただそばで見守るしかなかったです。こんな日もあるんですね。

K　今年度一番の大荒れの日でした。五時間目は校務員室、トイレ、図書室を行ったり来たり、結局授業参観には参加できなかったが、「参加しよう」という気持ちは側にいてよく分かりました。シンちゃんは本当によくがんばったと思います。

(この日は授業参観があり、シンちゃんにとっては大変ストレスが溜まる日だった。しかし、二人はその不安定な心情を理解しようとし、彼の心に寄り添ってくれた。その暖かさは一年を通して、変わることがなく、それが結果的に六年生での彼の様子を大きく進歩させていくことになった。誰かが自分を信じ続けてくれ、支え続けてくれていることを知る、というのは本当に生きる勇気になるものだと思う。)

四月三十日

Y　四目ゲームをして楽しんでいました。「アスペルガーの子はこういうのに強いんだ」と自分でいいながらやっているところがおもしろいです。四時間目はどうしてよいかわからないというふうな様子で、薫先生と遊びたいと言い出しました。今日は、穴あきわり算のプリントを四〇問しましたが、ミスは一問だけでした。本人曰く、七の段が苦手だとか。

K　朝、お母さんから連絡がありました。シンちゃんはお母さんとけんかして、今日は一人で学校へ向かったとのことでした。原因は「今日は早帰り、ということを事前に教えてもらえなかったから」と「暑くなって来て、イライラするから」だそうです。かなり不機嫌だったが、二時間目には落ち着きました。

四時間目にふれあい教室に行くと、泣き出しそうな顔をしていて、うなっていました。心配になって声をかけたが返事もありません。仕方ないので、しばらく様子をみることにしました。すると次第に落ち着いてきて、ボソボソと自分の心境を語り始めました。シンちゃんがいうには、「新学期になって、環境が変わり、その変化にまだとまどっている」とのこと。シンちゃんのイライラの原因が少し理解できたので、なるべく落ち着いて過ごせるようにお手伝いできればいいと思っています。

五月十四日

Y　朝から荒れているようなので、先生たちがどんなにシンちゃんのことを大切に思っているかと伝えました。「今日はイライラして、嫌なことを言っちゃった」と話していました。「あとで自分の気持ちを伝えなさい」と言ったけれど……。自分でもどうしたらいいか困っている様子が分かりました。三時間目は一緒に玉転がしをして遊びました。シンちゃんの考えたゲームはなかなか面白いです。夢中になってあそんでしまいました。何よりうれしいのは、難しいシンちゃんのことをいつも気遣ってくれる優しい友達がいること……友達は自然に気持ちを和らげてくれるんですね

K　社会科見学が雨で延期され、予定が大幅に変更されたため、シンちゃんは不安定でした。私や図書の村上先生に乱暴な行動や言葉を連発。お弁当の時間には、二時間目のことをあやまってくれました。さらにお弁当のおかずまで、おわびにプレゼントしてくれました。表情も明るくなり、落ち着いていたシンちゃん。芳子先生、いろいろありがとうございました。

五月二十八日

Y　弱り切っている子ウサギを助けるために、必死に努力した一日でした。校務員室へ連れてきて、スポイトでミルクを飲ませていました。小さな命のことを本当に気遣ってくれるシンちゃんの優しさには胸を打たれます。もうすぐ水が空になるプールでヤゴを最後まで探しながら、

「毎日楽しかったけど、今日で終わりだね」とぽつりつぶやいたシンちゃん。
この一週間の救出作戦はシンちゃんにとってよい体験だったんだと改めてうれしくなりました。救出したヤゴをトンボにして大空に返してやりたい。

（芳子先生のアイディアで、プール清掃の前のプールにいるヤゴたちをすくい取り、ふれあい教室で飼って、トンボにして空に返す、「ヤゴ救出大作戦」の一週間だった。ちょうどその時、飼育委員の彼が気にしていた子ウサギが危篤状態に陥った。彼はいつも小さな命と呼応していた。僕らには見えないものが見えているのかもしれない。その優しさに僕ら教員は時折、胸を打たれた。どんぐり亭に来たシンちゃんが森に愛されているように感じたのは、このことと関係があるのかも知れない。彼は愛に溢れていた。それは、親たちから本当に愛され、慈しまれたことを示していた。
シンちゃんの親たちは、言葉できれいごとをいうのではなく、いつも行動で愛の形を示していた。自分の時間を惜しみなく、シンちゃんに使った。それをいつも最優先と考えていた。それが彼の体の中を通っていたのを僕らはいつも感じていた。）

五月二十九日

Ｋ　一生懸命面倒を見たが、昨日の夜、子ウサギが死んだそうです。仲間や親ウサギのいる学校にお墓を作ってやりたいので、ウサギを連れてきたとのことでした。一時間目は、予定表の話し合いもきちんとして、その後も静かに読書をしていました。でも、時々、ため息をついたり、ウサギが死んで胸が痛いとつぶやいていました。

Y　二時間目に子ウサギの報告をしてくれました。夕べ一所懸命世話をしてくれたこと。寂しくないようにテレビのある部屋においてくれたこと、本当に心優しい子です。

「先生、この子はおしりに刺激を与えてもらえず、便秘で死んだんではないかな」とびっくりするような発言をしていました。パンダウサギの結婚の話、シンちゃんが望むのであれば、進めてみようと思います。命を育てる場を見ることは、すごくいい情操教育になるのでは、と思います。

六月四日

K　今日は給食がシンちゃんの嫌いなメニュー。こんな日は決まって他のクラスに行ってイタズラをします。今日のターゲットは、一組のユミちゃん。一組の入り口で通せんぼをしていました。その状態が長く続いたので、注意したらそれが気に入らなかったらしくヘソを曲げて、給食を食べませんでした。シンちゃんにもいろいろ理由があったと思いますが、今日のはやりすぎだと思います。教室の掃除をしていたら、シンちゃんが申し訳なさそうに「ごめんなさい」とあやまってきました。

Ｙ　今の悩みは二つだそうです。①スイミングスクールに行きたくない。水泳は好きだけど、裸になるのは嫌。続けたい気はするが迷っている。②年間計画表で「卒業式」という字をみると、気が重くなる。卒業したくない。静かな口調でそう言いました。

校務員の谷畑さんにシンちゃんのウサギの結婚の話をして、巣箱を作るといったらさっそく作り始めてくれました。シンちゃんがふたを開けられるようにして欲しいと頼んでいました。「ありがとうございます」も言えました。なんて優しい校務員さんなんでしょう。シンちゃんは幸せな子ですね。

四時間目には、パソコンで「ウサギの出産と子育て」について調べていました。なんとも気の早い話です。

六月二十六日

Ｋ　理科の実験では、またまたリーダーとなって、大活躍。友達と楽しそうに学習しているシンちゃんが見られました。やっぱり友達の力は大きいんですね。昼休み、カコちゃんがシンちゃんに「レゴできる？」と恥ずかしそうに聞いていたシンちゃん。すると、カコちゃんは、シンちゃんの気持ちを受け入れて、一緒にレゴで遊んでくれました。シンちゃんの『決死のお願い』を受け入れてくれたカコちゃん。シンちゃんの周りには心優しい友達がたくさんいますね。

シンちゃんは、ゆっくりだが、着実に心を育てていった。いらだったり、パニックを起こすことはもちろんあったが、その後に強制せずとも、自分の心で感じて「ごめんなさい」が言えるようになっていた。そして、友達の心を考えながら、自分の希望を述べることができるようになっていた。これがアスペルガーの子ども達にとってどれほど難しいことか。二人の先生は粘り強く、指導を続けてくれた。本当に日によって波があった。しかし、それにめげることなくいつも同じように彼を支え続けた。そして、いつもそれをクラスの仲間たちが自然な形で支えてくれた。

夏には、臨海学校があった。二泊三日で新潟に泊まりに行くのだが、みんなが集合している所が彼はとても苦手だった。集合に間に合わなかった。出発するしかなかった。

するど、シンちゃんのお母さんは、なんと新幹線を使って、彼を臨海学校まで送り届けてきた。無事、みんなの中に入ることを見届けると、また新幹線で帰っていった。ここでもシンちゃんのためになることなら、どんなことでも、という親の覚悟が伝わってきた。僕らもその思いに心を打たれ、なんとしてもそれに応えてやりたいと思った。

親の行動の伴った愛情と二人の先生の支援、仲間の友情のお陰で、アスペルガーの子どもに育ちにくい心の部分が確実に進化していた。

十一月十日

K　腹痛や学校公開のプレッシャーを抱えながらも、怪我（骨折で松葉杖をしていた）をしているヒデくんのお手伝いをしていました。シンちゃんは友達思いの優しい子ですね。

Y　今日は私が買ってきたプリンターのインクが合わずにずいぶん印刷に時間がかかったのですが、怒り出すこともなく、じっとがまんしていました。こんな姿にも成長を感じます。お母さんと一緒に帰っていくシンちゃんはすごくうれしそうでした。

お母さんが大好きなんですね。

十一月十八日

K　ウサギの子、ヤンキーとクロがもらわれていくかも、という話に急に寂しくなったようでしょんぼりしていました。でも仕方のないことだと理解していましたよ。まるで、花嫁のお父さんのようでした。

Y　三年生のヤエちゃんがウサギをもらうので、花嫁の父親は飼い方の細かいメッセージを出すようです。五時間目にはシンちゃんとよく話し合いをしてメッセージ文の下書きをしました。もらう人もいやになるくらい細かいものです。思いがあるのでしかたないですね。

クラブは一人でろうそく作りをがんばっていました。「前はこわくてできなかったけど、今日はうまくいってよかった」とよろこんでいました。ワンステップずつ着実に上がっていますね。薫先生が上手に支援してくれて本当に助かります。私も学ばせてもらっています。

十一月二十八日

K　図書室で調べ学習をしていた山川くんたちのお手伝いをしていました。六の三の子たちはシンちゃんのことが好きで、みんな優しいのですが、山川くんは特にシンちゃんのことを気にかけてくれます。優しいだけではなく悪いことは悪いときちんとシンちゃんに言ってくれます。だからでしょうか、シンちゃんも一目置いている気がします。

Y　子ウサギ、ヤンキーとのお別れの時間がきました。シンちゃんはずーっと考えていました。ヤエちゃんが「ヤンキーがいいかな」と一言いうと、じーっと考えて、首を縦にふりました。一大決心の瞬間でした。

もらう人の気持ちを察し、自分の心を決めることができたシンちゃんに私は感激しました。ヤエちゃんのお母さんにも細かく飼い方を説明していました。それも本当に分かりやすく、もらう人の気持ちを考えた説明でしたよ。帰りの後ろ姿がなんとも寂しそうでしたが、また来週には元気になってくれるでしょう。

十二月五日

K　パズルを一緒にやりに、ヒロキくんとコウキくんたちがゆうあい学級に来てくれました。でもシンちゃんは突然怒り出して、二人を追い返してしまいました。ですが、さすがです。そんなことでヒロキくんたちは帰ったりしません。シンちゃんが落ち着き、「入っていいよ」という言葉がでるまで、廊下で待っていてくれました。シンちゃんには本当に素晴らしい友達がいますよね。シンちゃんの気持ちを上手にほぐしてくれるヒロキくんやコウキくん。いつも学ばさせてもらっています。

一月十五日

K　一度ふれあいに行って、用事を済ませてから、授業へ行きました。前半の実験は友達と関わることなく険しい顔つきで自分の席に座っていました。しかし、後半になってクイズゲームが始まると、表情も和らぎ、みんなの輪の中に入っていきました。自分の中でいろいろあるのでしょうが、ずいぶんと我慢ができるようになりました。

Y　ふれあいに来ると、すぐにメカビートル作り開始。黙々と組み立てました。シンちゃんのモーターの線が切れてしまったので、私のビートルを組み立ててくれました。スイッチを入れても動かず、前ならパニックになりましたが、私が一生懸命チェックしていると、シンちゃんが、「スイッチの所がオレのと違う」とミスを見つけてくれました。すごい注意力です。感心しました。ヤスオくんのために一生懸命のシンちゃんには本当に頭が下がりますね。

「二十一日のお別れ会は、なんつったって大事なことだ」とヤスオくんを驚かせてやるそうです。

（ヤスオくんというシンちゃんの弟分だった一年生の子が、家の都合で岡山に転校することになって、シンちゃんはお別れ会のプレゼントにヤスオくんが一番喜びそうなメカビートルという電池で動くおもちゃを作っていた。転校していく相手の気持ちを思い、相手を喜ばす行動をとることができるようになっていた。）

一月二十二日

Y　今日、カコちゃんたち、六の三の子たちが来て、二月十八日の加藤先生の誕生日に先生に内緒で、誕生パーティーをするんだけど、シンちゃんに何かおいしい物を作ってもらえないだろうか、と相談されました。シンちゃんは、急な申し出に「まだ作るとは決めていない」とブツブツ言っていました。クラス全員だとするとクッキーでしょうか。

一月二十三日

Y　ヤスオくんとのお別れに会いに来てくれたシンちゃん。ずいぶんがんばりました。シンちゃんは、ヤスオくんを弟のように思っていたのでしょう。シンちゃんも寂しくなりますね。

加藤先生のお誕生日会の時に、ゼリーかムースを作ってあげようという気持ちになったようです。それにしても六の三の子ども達は先生孝行です。加藤先生も喜ぶことでしょう。

二月十六日

Y　飼育当番だよ、と伝えるとすーっと行きました。そして、『五年生の子がよくやっている』とほめていました。三時間目は加藤先生の誕生会のためのゼリー作りの買い物の打ち合わせをしてから、卒業記念品のオルゴールの図案を考えました。なかなか決まりません。シンちゃんの思考は、本当にゆっくり進んでいくんだな、とこういう時実感します。よりよいものを求めている姿勢は素晴らしいけれど、社会に出たらこの姿勢は適応しづらいものかも、と心配になりました。

五時間目は、自分から進んで、プリントを四枚もやりました。がんばってるね。集団下校もすんなりと参加できましたよ。

クラスの子ども達が「二月十八日にどうしてもクラスレクリエーションの時間をとってくれ」と言ってきた。翌日が中学校での一日入学の日でもあったので、「ちょっと忙しいんじゃない？」と言ったが、「前にクラスレクでドッジボールをやるはずになっていたのが、やってないから、どうしてもやらせてほしい」と言う。確かにその通りだったので、「じゃ、五時間目に時間をあげるよ」と言ったのだが、裏でこんな計画が進んでいることに、のんきな担任はまったく気がつかなかった。

当日、体育館で昼休みからレクリエーションの準備をしているようだったが、いつものことなので、任せておいた。

チャイムが鳴り、体育館に行き、扉を開けると、

『パパン、パン、パン、パン』

と、もの凄い音が鳴り響いた。驚いて辺りをみると、子どもたちがバズーカ砲のようなクラッカーを持っていた。

「何？　何なんだ？」

「先生、お誕生日おめでとうございます。」

クラス全員が声をそろえて言う。その声が体育館にこだました。そこで初めて訳がわかった。最近は自分の誕生日すら忘れることが多かったから。

体育館の扉から、職員室にいた事務の森枝先生が飛び込んできた。

「加藤先生、大丈夫ですか。」

クラッカーのあまりの轟音に、職員室では一体なにが爆発したのか、と駆けつけてきたのだった。

事情が分かると、事務の先生は笑いながら帰っていった。

「先生、お誕生日おめでとうございます。」

代表とおぼしき子どもが、プレゼントを手渡してくれた。それは、子ども達が一枚一枚心を込めて書いてくれたカードだった。芳子先生や薫先生のカードもあった。それが、子ども達がそれぞ

れ家から持ってきた布を縫い合わせたパッチワークの袋に入れられていた。こんな素敵なプレゼントをもらったことがなかった。

「先生に内緒でカード書くの大変だったんだ。朝自習の時、見張りを立てて、先生が教室に来ると慌ててかくしたりして……。」

朝自習の時間に何やってたんだ、とはとても言えなかった。袋やそれについた手縫いのアクセサリーは芳子先生たちが作ってくれたらしい。

カードを読み始めたら、涙で読めなくなったので、あわてて袋にしまった。

その後、僕も一緒にドッジボールを楽しんだ。ドッジボールクラブに入っている子は抜群にうまい。しかし、うまい子ばかりにボールが回らないで、難しいボールをとったら苦手な子にも、順番でボールを回していた。男女関係なく。

シンちゃんが心をこめて作ってくれたカードと封筒

誰にも、苦手と得意がある。得意な子は苦手な子にその力を分けてやるんだ。そうしたら別の機会に、助けてもらった子が得意なところで、恩返しすればいいんだ。みんなの幸せ度が同じになるのが一番いい。

僕はそう言い続けてきた。それはシンちゃんが教えてくれたことだった。

ドッチボールの後、家庭科室に移動し、シンちゃん特製のゼリーを食べた。みんな大喜びで歓声を上げていた。

（いいクラスになってくれた。みんなありがとう。もうすぐお別れだね。）

シンちゃんのゼリーに歓声をあげる子どもたちを見ながら、そんなことをふと思った。

二月十九日

Ｙ中学の入学説明会。シンちゃんはまるで普通の子と同じように、しっかり全部参加できました。二時から三時半の間、中学の校長先生を初め、五人の先生から中学校生活についてのお話がありましたが、一番後ろの席にお母さんと一緒に座り、静かにしていました。その後、校内巡りと文化祭のＤＶＤの視聴がありましたが、それもすべてクリアーです。

廊下を歩きながら、中学の先生と普通にしゃべりながら歩いていましたよ。びっくりしました。帰りには特別支援学級の先生とご対面しました。ちゃんと席に座り、話を聞いていました。シンちゃん、ずいぶんしっかりしてきました。何だか明るい希望が湧いてきました。中学校に行く道で「将来、アメリカに留学したいんだよね。高校にも大学にも行きたいけど、行けるかなあ」なんて言ってました。感心しました。

こうして、シンちゃんは、最大の難関、最大のイベント、卒業式に向かっていくのである。

十四　シンちゃんの卒業式

これまでの三年間、数々の困難を乗り越えてきたシンちゃんだったが、卒業式はやはり特別のものだった。

たくさんの人びと、張りつめた空気、自分だけに全員の視線が注がれる証書授与……どれをとってもシンちゃんには苦手なものばかりだった。

卒業式練習が始まり、あまりにプレッシャーを受けて不安定になるシンちゃんに

「無理しなくてもいい、無理だったら校長室で証書をもらえばいいよ。」

と声をかけたが、本当は、どうしても参加させたかった。

土砂降りの日も、上州の空っ風が吹きすさぶ真冬の日にも、毎日毎日シンちゃんを送り届けてくれたお母さん。臨海学校では、新幹線で彼を送り届けてくれたお母さん。いつも学校の先生たちや子どもたちに感謝の気持ちを忘れなかった。六年生の授業参観後の懇談会で、シンちゃんのお母さんは号泣した。

「本当にあの子は幸せです。クラスのみんなによくしてもらって、先生方にかわいがってもらって……。本当にありがとうございました。」

懇談会に出ていたお母さん方がみんなもらい泣きしていた。

「ねえ。その涙、卒業式までとっておきましょうよ。」

僕が最後にそういうとみんな泣き笑いしながら頷いた。

幼稚園の頃から周りに何度頭を下げて、シンちゃんを守り育ててきたことだろう。どれほどたくさんの涙を陰で流してきたことだろう。その苦労は想像を絶する。しかし、三年間のおつき合いの中でシンちゃんに何が起こっても、決して誰のせいにすることもなかった。自分の子どもが起こしたことは、みんな自分の責任、と思っていた。その生き様がすがすがしかった。

決して諦めず、いつも静かに静かに、シンちゃんの心に愛を注ぎ込んできた。

僕と会うときはいつもにこやかで、前向きだった。

そんなお母さんにどうしても立派に卒業していく彼の姿を見せてやりたかった。それは、もちろん、芳子先生、薫先生、内田先生……学校の職員すべてが同じ気持ちだった。

芳子先生たち、ふれあい学級のスタッフは、昨年のうちから、卒業式に向けて準備を開始した。卒業式で歌う歌も早めに練習を始めた。長い呼びかけも覚えなくてはならなかった。特に今年は、僕の強い希望で呼びかけの言葉を大幅に変更したので、大変だった。どこに座れば一番プレッシャーを受けないのか、こんなことが起こったら、どう対応していくのか、どこまで参加できればよしとするか……備え、考えなくてはいけないことは無数にあった。

二月の後半、クラスだけで卒業式の練習を開始した。起立や礼の仕方を教えた。シンちゃんは、難なく参加できた。

「卒業生起立。」

の声に、すっと反応してみんなと一緒に起立していた。礼もしっかりでき、立派な態度だったので、いっぱい褒めた。芳子先生たちと、これなら証書の授与ぐらいまでは何とかなるかも知れないね、と話した。

その翌日、芳子先生がふれあい教室で卒業式の話をしてくれた。五時間目にはクラスの練習に参加し、呼びかけや歌の練習をじっと聞いていた。芳子先生が、

「シンちゃん、がんばれたら歌も一緒に歌おうよ。」

と言うと
「今日、少し歌ってみた。」

と言った。芳子先生はすかざず音楽の橋本先生からテープを借りてきて、ふれあい学級で毎日聞くことにした。どんな小さな反応でも見逃さず、卒業式参加に向けて役立てたいという、芳子先生、

薫先生の気持ちの表れだった。帰りの会では、何も言わないのに、昨日習った起立や礼をしっかり練習していた。本当は参加したいんだ、という気持ちが痛いほど伝わってきた。

三月に入り、六年だけの合同練習になった。

呼名された時の返事、証書の受け取りなど高度な練習に入った。

シンちゃんは、初め席に座っていたが、途中からステージの上のよく見える所へ行き、みんなの様子をじっと観察していた。

返事や証書の受け取りで、ビシビシ注意される友達を見て少し怖くなったのか、

「明日の六年生を送る会は出られると思うけど、卒業式はわからない。」

と弱気のコメントを言う。芳子先生が一生懸命励ますと、

「はい。わかりました。」

と返事をしていた。

翌日の六年生を送る会もシンちゃんにとっては大変な試練だ。全校児童の前で入退場をしたり、感謝の手紙を受け取ってお礼を言ったり、歌ったりしなければならない。

会が始まる前、みんなが出発してしまうと不安そうな表情で、ふれあい教室で本を読んでいたらしい。そして、一言。

「やっぱり、行かない。」

その言葉に芳子先生がたまらず言う。

「約束が違うでしょう。下級生がシンちゃんのためにやってくれることをしっかり見ることは人としてとても大切なことだよ。先生は先に行くよ。」

前だったら、こんな言葉かけをすれば、パニックになったが、今は違った。

ゆっくり芳子先生の後を追って廊下に出てきた。そして、迎えに来た僕と合流、無事、六年生を送る会に参加することができた。

その日の薫先生のコメント
「苦手なことをまた一つクリアーできたシンちゃん。自信に満ちたとてもよい表情をしていました。本当に頑張りましたね。拍手、拍手です。シンちゃんと過ごす日々は驚きと感動で一杯です。」


一山越えた。

そして、練習は全校の合同練習となる。


話は二月後半に遡るのだが、クラスで卒業式練習を開始する直前、シンちゃんのプレッシャーの受け方がひどいと感じた僕は、彼の心を落ち着かせ、不安を減らすためにいささか不思議なことをやり始めていた。

自分のプライベートなことなので、話す必要もないのかもしれないが、シンちゃんの卒業式の陰にはこんな働きもあり、それが、決して無意味ではなかったことも知っていてもらわないと正確な事実把握ができないような気がしたので、ここに記しておく。

パニックを起こしたり、不安定になった心を言葉で変えるのは難しい。体に働きかけた方が、効果があるように思う。

そして、シンちゃんを核として素敵なクラスを作り上げてきた子どもたちにも何か体に残るお土産を持たせてやりたかった。

僕には、岡山に師匠がいる。保江先生とおっしゃるその方は、確率変分学という新分野の草分けであり、ヤスエ方程式などを発見された数理物理学者である。そして、ただの物理学者ではなく、武術家の中では伝説となった大東流合気柔術の佐川幸義宗範から教えを受け、二千年の歴史の流れをくむ冠光寺眞法活人術を今に伝える人だった。

二月の中旬に、僕は保江先生の元を訪れ、いくつかの技を伝授していただいた。その中に不思議な技があった。「合気揚げ」というその技は、二人が正座して向かい合う。

片方が相手の両手首をつかみ、しっかり押さえつける。それを、全く力を使わずに、いとも簡単にひょいと上げてしまうのだ。それも相手がつま先立ちになるくらい。

武術としては、そこから投げを打つことができるが、不思議なのは、その技にかかると、みんな笑い出してしまうのだ。すごく幸せな気持ちになる。卒業を控え不安定な心でいる子ども達とこの合気揚げをして遊びながらスキンシップをとり、気持ちも安定に導こうと考えたのだ。

これまでにも、明治大学教授の齋藤孝さんのヨガや武道から来る呼吸法を子ども達に教えたり、古武術由来のきちんとした姿勢のあり方をクラスに指導してきた。

それは確かに効果があった。暖かく、秩序のあるクラスに育ってくれたのは、もちろん子ども達とそれを見守る親たちのお陰だが、これらの指導も関係していると思う。

だから、僕にとっては、合気揚げ遊びは、体育の準備運動と同じようなもので、奇異な感じは全くなかった。

なぜかみんなが笑顔になる
スマイルリフティング（合気揚げ）　1

さっそく、クラスに小さなマットを運び込み、休み時間や放課後、ひまそうにしている子たちと遊び始めた。道場では易々と上がったが、全然上がらなかった。相手の心に作用するものなので、「うまく上げてやろう」などと思うと、相手の心と対立が起こるのか、全くできなくなった。

「先生、上がらないねえ。」

「うん。だめだなあ。先生、新米だからなあ。でも、ま、みんなと遊べたからいいか。」

などと会話をしていると、

「先生。何してるン。」

とシンちゃんが入ってきた。

「あのな、シンちゃん。この技は先生の先生が教えてくれたものでね、先生の心がきれいなら、相手の人が上がって、上がった人の心もきれいになるんだよ。」

などと、訳のわからない説明をしていた。すると、シンちゃんが、

「うーん。この教室には今、邪気があるんじゃない？」

と言って、シャーロックホームズみたいに難しい顔をして、僕の右横にちょこんと正座した。

シンちゃんから、『邪気』などという言葉が出ると思わなかった僕は、何だかかわいくて吹き出した。その瞬間、

スマイルリフティング（合気揚げ）2

「あ、上がった。」

子ども達がいっせいに叫んだ。

僕の相手をしてくれていた子の体が、宙に浮き上がった。上がり出すと次々に上がった。何だろう、これは。催眠とか暗示みたいなもの？　いや、もっと違う術理が働いているんだろうな。そんなことをちらりと考えもしたが、どうせ分からないので、止めた。

とにかく今は楽しく合気揚げをすればいいさ。

シンちゃんへのかわいらしさが僕の上げようという邪念をふりはらって、無の境地になったのかも知れない。

シンちゃんは、合気遊びをおもしろがって、放課後のたびやってきた。すこし高度な投げ技を教えると、僕を投げることができた。

普段いばっている先生が、ころんころん倒れるのが楽しくて、シンちゃんは、何度もその技を僕にかけた。僕は本気で抵抗したが、簡単に重心を浮かされて、転がされた。

「先生、またやろうね。」

そう言って帰っていった。

そんなスキンシップで気持ちが安定したこともあり、二月後半からの卒業式練習に突入できた、という訳だった。

そして、しばらくの間、シンちゃんは武道モードになっていた。僕の教師用机の上に保江先生の本を置いておいたら、休み時間、いつの間にか読みふけっていた。かなり難しい内容なので、理解できないと思ったのだが、いきなり、佐川先生の写真を指さし、

「このおじいさんが（すみません。佐川先生）、この本を書いた人の先生でしょ。そして、この本を書いた先生が、加藤先生の先生でしょ。」

完全に人間関係を把握していた。

「シンちゃん。こんな難しい本が分かるのかい？」

「う。だいたい分かる。」

僕はだいたいも分からなかった。

「この本、本屋に売ってるの？」

「欲しいの？」

「うん。」

「じゃ、あげるよ。」

そうして、彼は、武術の技に科学的な解明の糸口をつけようと、保江先生がとられた筋電位のグラフまで載っている難解な武術書を手にして、おそらく物理学者のような心持ちで帰っていった。

保江先生にそのことをメールすると、いたく喜ばれて、「シンちゃんが僕の本を読んでくれてい

ることは大変に光栄です。それを書いたおじさんが、本当に心からありがとうと言っているとお伝え下さい。それだけで、本を出したかいがありました」とおっしゃったので、それを伝えると、またうれしそうにしていた。

裏ではそんなことも起こっていた。

そしていよいよ全校合同の練習が開始された。

僕らはとても緊張していたが、シンちゃんは、

「よし、行こう。」

と芳子先生を誘い、合同練習の会場である体育館に入ってきた。一時間目は六年生だけの練習だった。彼は、みんなと一緒に呼びかけや歌に参加していた。二時間目になり、在校生が入ってくるとやや表情が硬くなり、

「後ろへ行こう。」

と声を出して、一番後ろに椅子を持っていって参加した。『空より高く』も一緒に口ずさんでいた。

その後、

「国歌と校歌の歌詞カードも欲しい。」

と芳子先生に頼んでいた。

厳しい卒業式練習の終わりに、クラスの男の子が貧血で倒れた。すごい音に気がついたシンちゃんは、あわてて駆けより、様子を見ていた。そして、彼の腕をとってやり、保健室まで連れて行った。本当に心が成長していた。

卒業式の日が迫ってくる。

毎日の練習の中で、調子の悪い日もある。後ろでずっと座っているようなときもあった。その日、僕は、シンちゃんにお願いした。

「合気揚げのお手伝いして。」

すると、シンちゃんは、

「今日は駄目だと思うよ。だってオレの心はブルーだもん。」

「大丈夫。とにかく先生の右横に座ってくれ。」

そう言って、他の子を上げようとした。彼が言ったとおり、全く上がらなかった。

その晩、ちょっと焦って、保江先生にメールを送った。

「先生、シンちゃんが卒業式に出られるかわかりません。本人はよくがんばっていると思います。

でも、プレッシャーに負けてしまうかも知れません。」

すぐに保江先生からメールが来た。

「卒業式にもし出られなかったら、教室か控え室でシンちゃんに合気揚げをさせてやって下さい。必ず加藤先生を上げてしまうでしょう。それが彼の「卒業」になります。サイモンとガーファンクルの歌に『濁流に呑み込まれそうな君のための橋になりたい』という一節があります。きっとシンちゃんは、加藤先生の橋になってくれるのではないでしょうか。

応援しているとお伝え下さい。」

僕は、すぐにこれを印刷した。そして、もし、出られないようなら合気揚げをして、これを読んでやろうと思った。


そしてついに卒業式の日が来た。

異様な緊張感が学校を包む。僕は、何が起こっても穏やかな瀬戸内の海のような心でいようと決め、自分が持つ卒業式次第の内側に瀬戸内の海をスケッチした絵はがきを貼り付けた。

やはりシンちゃんは朝からパニックの様子で、何度もトイレに行っては戻るを繰り返していた。無理もないと思った。

式の前には、式に参加できない一、二年生とのお別れがある。一、二年生が廊下に出て、拍手を送る中を卒業生が歩いてまわるという行事だ。シンちゃんは、わずかに動き始めたが、どうしても前に進めず、歩き出せなかった。

着慣れない服がきゅうくつな上にこの緊張感で、シンちゃんの心は最悪の状態だった。

芳子先生や薫先生も、一生懸命、なだめて落ち着かせようとしてくれた。

僕は、階段で座り込むシンちゃんの所に行って、

「シンちゃん。卒業式なんて、大したことじゃない。シンちゃんにはそれができる力をちゃんとつけてある。芳子先生や薫先生もついている。それと、保江先生が君を応援してくれているって言ってたよ。保江先生からそういうメールが届いている。式の後に見せるね。」

そう話した。

シンちゃんは硬い表情で頷いた。それから、二人の先生も彼を説得してくれ、服装の不満を聞き、それを直してくれた。

そして、数分後、シンちゃんの心の中の何かが変わった。それは、みんなの願いを彼が受け止めた瞬間だった。

彼が動いた。一緒に体育館脇に整列した。式が始まった。一組から厳かな曲のかかる体育館に吸い込まれていく。入場を待つ緊張感。これにシンちゃんが耐えられるか心配だった。

しかし、彼は耐えた。そして、ペアの女の子と堂々とした礼をして、体育館に入った。

あのとき教えた通りのきちんとした礼をして座る。

そして、卒業証書の授与。三組は一番最後なので三十分を不動のまま待つことになる。

事前に芳子先生と話していた。「とにかく証書の授与だけやれたらいい。それができれば十分だ」と。「それ以上は彼がもたないだろう」と。

気が気でない僕にとっては本当に長い三十分だった。そしておそらくシンちゃんにとっても。

そして、三組の番となった。一人、一人、心を込めて名前を呼んだ。出会えたことへの感謝を込めて。証書の授与が続く。どの子も立派にやり遂げている。次の子がステージ下で待つ。次はシンちゃんだ。すくっと立ち上がり、下で待つ。階段を上り、ステージに上がる。緊張で後ろ姿が傾いていた。そして、ステージの上で呼名を待つためにシンちゃんがふり向いた。

その顔を見た瞬間、これまでの三年間の出来事がわあーっと溢れてきた。初めての出会いから、うまく指導できなくて眠れない夜を過ごしたこと、良き変化が現れて、一人祝杯をあげたこと、彼を支え続けてくれた優しい子ども達……。もうだめだった。

涙で視界がかすんできた。声が出せそうになかった。

しかし、必死の思いで熱いものを押さえ込んだ。呼名で泣いた教員など見たことない。そして、何よりも芳子先生、薫先生の分まで心を込めて呼ばなくてはならなかった。卒業式前に、「シンちゃんは芳子先生が呼名したら」と提案した。先生は、「いや、それはだめ。ぜひ加藤先生が呼んでやってほしい」と言った。でも一番シンちゃんに尽くしたのは僕ではなく、芳子先生だった。きっと呼んでやりたかったに違いない。薫先生もきっと。

だから、二人のためにもぶざまな呼名はできなかった。天井を向いてすべての力を集中して涙を押さえ込んだ。他の人には気がつかれなかったと思う。完全に。

心を込めて、名前を呼んだ。彼はそれに応えた。

「はいっ。」

シンとした体育館に響き渡るいい返事だった。

これが、あのシンちゃんか、というくらい堂々とみんなの前で校長先生から卒業証書を受け取った。

恐がっていた下り階段も無事通過して、胸を張って、自分の席に帰ってきた。

僕は、体中の力が抜けた。

(もう、これで十分だよね。芳子先生。)

しかしそれからも、シンちゃんの奇跡は続く。

次々に行われる祝辞も立派に受け、二〇分に及ぶ別れの言葉や歌。すべてをクリアーした。別れの言葉では、卒業生だけでなく、六年担任を初め、みな泣き出した。

そして、アンジェラ・アキさんの「手紙」の曲が流れる中、シンちゃんは二時間に及ぶ卒業式のすべてをやり遂げ、退場していった。

信じられないような出来事だった。

彼は大きな壁を乗り越えた。

職員室でも、シンちゃんをはじめ、卒業生のみんながとても立派だったと、口々に褒めてくれた。

その時、事務の森枝先生が笑いながら言った。

「加藤先生が、呼名なんかで泣くんだもん。あのあたりから、職員が妙な空気になって、みんな泣き出しちゃって……。」

「え。」

晴天の霹靂だった。

「気づいていたの?」

それを聞いたみんなは爆笑した。

「当たり前じゃない。あんな上向いて名前呼ぶ人なんていないもの。」

「あれだけ派手にやって、気がつかれないとでも思ったの?」

「みんな知ってるよ。」

ごまかせたと思っていたのは本人だけだった。

シンちゃんは、別れ際、

「先生。オレ、中学行ったら剣道部に入る。武道をやるんだ。野イチゴの実がなる頃、またどんぐり亭に行くよ。」

そう言い残して、帰っていった。

十五　それから

中学に進んだシンちゃんがどうなったか。

僕は、ユキオのことが脳裏から離れなかった。絶対同じ失敗はすまいと思っていた。だから、新しい年度が始まるとすぐに中学に連絡をとって、シンちゃんの様子を聞いた。何かあったらすぐに駆けつけるつもりだった。

なんと、この春の人事異動で、薫先生がシンちゃんの中学に異動となったのだ。教育委員会は粋な計らいをしてくれた。環境が新しくなる薫先生は大変だけど、シンちゃんや卒業していった子ども達は薫先生が大好きだったから、すごくうれしかったようだ。

四月の新しい先生の発表の時の、驚きと喜びに満ちた子ども達の顔が目に浮かんだ。

薫先生からの情報によると、「シンちゃんは、まるで別人のようで、そんなのシンちゃんじゃないってくらいよく頑張っています。他の子と全然変わらない。自分をちゃんとコントロールしています。もしこのまま続けば奇跡です」とのことだった。

僕はほっと胸をなで下ろして、新しい学級作りに動き始めた。

「野いちごの実がなる頃、またどんぐり亭に行くよ。」

彼の言葉が胸の奥で響いた。


カリカリカリカリ…………

どんぐり亭に珈琲豆を挽く音が心地よく響く。

(今日のお母さんはだいぶ元気になったぞ。もう少しで卒業だな。)

僕はその音を聞いて、いつものように来亭者の心の内を感じようとする。


今日も僕は出会えた親や子ども達に感謝を込めて、珈琲を入れる。

「ね。合気揚げっていう不思議な技があるんだけど、やってみないかい? これが不思議な技でさあ……。」

まもなくどんぐり亭に歓声が響く。

森から優しい風が吹いて、ウッドデッキ脇の野いちごの白い花をかすかに揺らす。

こんなささやかなことでも、ずっとずっと続けていけば、いつかは希望に満ちた世の中になってくれるんじゃないか、と僕は心から信じている。

（了）

あとがきにかえて

「先生、またここを一面のサクラソウにすべいじゃねい」と僕に熱く語り、どんぐり亭の森と僕らとの間の仲人をしてくれた村役場の河野さんが逝ってしまった。

まだ何の恩返しもできぬまま……。

でも、河野さんが残してくれた思いは僕が受け取った。これを次の子供たちへ伝えること。感謝と希望をきっと次の世代へ伝えること。それが河野さんへの恩返しだ。

「はあー、なんて落ち着く家なんだろうなあ。」

と、どんぐり亭でうまそうに杯を傾けていた河野さんを思い出しながら、そう思った。

それにしても、僕はどれほどたくさんの命から愛情を受けてきたのだろう。

今回、この本を書くにあたって、それを痛いほど感じた。

巣立ちしたばかりのヒヨドリから始まった僕一人の夢は、やがて僕の結婚とともに嫁さんとの二人の夢に育っていった。とても人を雇っての運営などできないどんぐり亭の経済事情の中、嫁さんは、黒姫の南笑子さんと健二さんから仕込まれた「もてなしの心」を来亭者に尽くしてくれた。誰も見ていない所でも、手を抜くことなく掃除し、一番いい状態のベッドメイキングを施し、心を込めて旬の無農薬野菜で料理を作ってくれた。その一つ一つに、来亭者が心を開いてくれた。

そして、二人の夢はやがて、そこに集うみんなの夢になっていった。

ある朝、畑の向こうで、草刈り機の音がした（朝っぱらからうるさいなあ）と思って見たら、それは、かつてどんぐり亭に来ていた子供の父親だった。

「どうしたの。こんな早くから。」

と声をかけると、

「先生、私、娘の恩返しにきたんですよ。娘が学校に行けるようになったのは、どんぐり亭のおかげだから。私は、どんぐり亭のサポーターなんですよ。せめて、草を刈って、車が通りやすいようにしようと思って。」

朝から本当にうるさかったけど、本当に有り難かった。

また、ある夜は、ここでカウンセリングを受けた母親が、

「どうしたら、先生みたいにカウンセリングをして、困っている人を助ける手助けができるのか、教えて下さい。もう一度、人生をやり直したいんです。学びなおしたいんです。」

と問い合わせて来たこともあった。

僕らは、たくさんの子供たちやその親、仲間から受けた恩をただただ返そうと思ってこの活動をしているだけなのに、それに心を動かしてくれ、誰かのために動こうとしてくれる人々が次々に現れてくれる。

世の中というのは、もちろん嫌なこともたくさんあるけれど、不思議で素敵なものもたくさんある。醜い憎悪もあるけど豊かな愛情にも溢れている。

このように僕の周りで起こってくれるささやかな良きことのぐるぐる周り。それを大切にしたいと思う。未熟な僕には失敗も多いけど、へこたれずに進もうと思う。

数年前、こんなことがあった。

地主の秋則さんは、とんでもなく働き者だ。いつも休むことなく働いている。しかし、この年、秋則さんにしてはめずらしく、トウモロコシを刈り残した。売り物にならないトウモロコシでも次の畑の準備のために切り倒すのが、毎年のことだが、この年だけは、よっぽど忙しかったのか、秋則さんはそれを忘れ、冬の間もトウモロコシ畑がそのまま放置されていた。その年はとても寒く、一度降った雪はいつまでもとけなかった。その雪景色の中に枯れたトウモロコシは惨めに立ち続けていた。

（あれれ、めずらしいこともあるもんだなあ。あの秋則さんでも、忘れて失敗することもあるんだなあ）と僕は笑い、何だかほっとした。

その光景を暖かい部屋からぬくぬくと見ていた僕は、思わぬことに気がついた。

雪景色の中の惨めなトウモロコシ畑は、いつもの雪の畑と大きな違いがあった。

それは、無数の鳥、鳥、鳥……。

厳しいその冬の寒波にやられ、鳥たちは息も絶え絶えだった。餌もなかなか見つからない。そこへ、このトウモロコシ畑。

鳥たちにとって、刈り忘れのトウモロコシ畑は、砂漠の中のオアシスだったに違いない。ピチュピチュ（おいしいね。おいしいね）と話しながら、夢中で食べていた。

その年の冬、秋則さんの失敗がどれほどたくさんの命を救ったことだろう。

僕はそのとき、はっと気がついた。人は完璧でなくていいんだよ。失敗したって、自分の失敗が誰かの命を救うことだってあるんだ。何でも計算通りに行く人生が幸せとは限らない。

どんぐり亭にやってくる心が傷ついた人びともきっとそう。このあなたの失敗や挫折が誰かを幸せしているかもしれないよ。へこたれるな。

だから、少し休んだら、また歩き出そうね。あなたの回復を心から信じている人が必ずいる。

人生なんて、分からないことだらけ。目に見え、予想できることより、目に見えない力の方が、はるかに大きい。だから、損得を考えずに、今を大切にして、前に進みたい。

これまでの人生の中で僕に出逢ってくれたすべての命とこれから出逢うであろうすべての命に感謝して……。

そんな人生を歩めたらいいなあ、と思っている。

先日、フランスに住み、哲学を研究している教え子が、「子供が生まれた」とメールをくれた。セイコは、本の中のリョウコやスダちゃんと同じクラスだった。六年生で担任しているころから、教わることばかりだった。飛び抜けた豊かな感性を持ち、心から優しい女性だった。

僕より、はるか先を歩く教え子で、僕は心から尊敬しているし、彼女が帰国するのをいつも楽しみに待っている。

セイコがそのメールの中で、感動した言葉としてマザー・テレサの言葉を教えてくれた。

以下に引用させてもらって、どんぐり亭物語の結びとしたい。

「あなたの中の最良のものを」

人は不合理、非論理、利己的です
気にすることなく、人を愛しなさい

あなたが善を行うと、
利己的な目的でそれをしたと言われるでしょう
気にすることなく、善を行いなさい

目的を達しようとするとき、
邪魔立てする人に出会うでしょう
気にすることなく、やり遂げなさい

善い行いをしても、
おそらく次の日には忘れられるでしょう
気にすることなく、し続けなさい

あなたの正直さと誠実さが、あなたを傷つけるでしょう
気にすることなく、正直で誠実であり続けなさい

あなたが作り続けたものが、壊されるでしょう
気にすることなく、作り続けなさい

助けた相手から、恩知らずの仕打ちを受けるでしょう
気にすることなく、助け続けなさい

あなたの中の最良のものを、この世界に与えなさい
それがたとえ十分でなくても
気にすることなく、最良のものをこの世界に与え続けなさい

最後に振り返ると、あなたにもわかるはず、
結局は、すべてあなたと内なる神との間のことなのです

あなたと他の人の間のことであったことは一度もなかったのです。

どんぐり亭の子ども達のことをぜひ本にして……と勧めてくださった保江邦夫先生、原稿が書けなくて参っていた僕を支えてくれた家族や友人、いい本になるから、と励ましてくれた編集者の辻さんをはじめ、海鳴社の皆さんに心からお礼を申し上げます。

本当に有難うございました。

二〇一〇年三月一日　雪のどんぐり亭から戻って

加藤　久雄

著　者：加藤　久雄（かとう　ひさお）
1961年　群馬県生まれ
同志社大学文学部社会学科社会学専攻
高崎市立東部小学校勤務
樹木・環境ネットワーク協会会員／日本樹木保護協会認定樹医２級／グリーンセイバー・マスター／TFT上級セラピスト
著書『心の青空のとりもどし方』（2017年、海鳴社）、『65点の君が好き』（2015年、風雲舎）

＊＊＊＊＊バウンダリー叢書＊＊＊＊＊
どんぐり亭物語
2010年4月20日　第1刷発行
2018年2月　5日　第2刷発行

発行所　㈱海鳴社　http://www.kaimeisha.com/
〒101-0065　東京都千代田区西神田２－４－６
Eメール：kaimei@d8.dion.ne.jp
Tel.：03-3262-1967　Fax：03-3234-3643

発　行　人：辻　信　行
組　　　版：海　鳴　社
印刷・製本：シナノ印刷

出版社コード：1097
ISBN 978-4-87525-267-2